OLYMPIX

Ouvrage publié sous la direction éditoriale de Jean-Baptiste Bourrat.
Introduction écrite avec la collaboration de Karim Ben Ismaïl.

Les Arènes,
17-19, rue Visconti, 75006 Paris
Tél. : 01 42 17 47 80

Pour découvrir nos nouveautés, rendez-vous sur notre site arenes.fr.
Retrouvez les vidéos inspirées de nos livres sur la chaîne YouTube
« Les Arènes du Savoir ». Et suivez-nous sur les réseaux sociaux !

@les_arenes

ORITH KOLODNY

Traduit de l'anglais par Caroline Amiot

OLYMPIX

L'ÉTONNANTE HISTOIRE DES JEUX

Les Arènes

changer les formes en signes

Un brouillard de soixante mille âmes entassées dans l'étuve du stade olympique de Tokyo. L'air était si chaud en cette fin août 1991, saturé d'humidité. Pesant. Un grondement humain émanait des gradins, tellurique. J'avais 26 ans, j'avais calé mes pointes au fond de mes starting-blocks. Prête à m'élancer en demi-finale des championnats du monde d'athlétisme, sur 200 mètres.

L'air s'est raréfié un peu plus à l'approche du coup de feu du starter. Une oppression intérieure. L'injonction immanente de tout donner. Délivrer l'absolu de soi, le meilleur et même plus. Ici, dans une infime fenêtre du temps.

Le destin avait été bienveillant pour me permettre d'arriver à ce niveau de la compétition. Un aboutissement pour moi, qualifiée juste d'un petit centième de seconde. Je courais pour Israël. La fédération, n'ayant pas envisagé ma présence à ce niveau, avait prévu des maillots seulement pour les hommes. Des bénévoles japonais m'ont recousu un modèle à la hâte. Sur la ligne de départ, je portais le dossard 424. Mes jambes tremblaient.

Je sentais sourdre l'énergie d'adversaires prêtes à jaillir. Merlene Ottey, la plus irradiante, 31 ans, reine jamaïcaine hypnotisant les caméras. Deux ans plus tard, elle sera sacrée championne du monde.

À Tokyo, cette nuit-là, j'ai fini dernière à une seconde et vingt-neuf centièmes de la première. Fragment temporel, dérisoire et céleste. Les images de l'époque sont attaquées par le temps. Sur Internet, les pixels de nos silhouettes s'étirent et fuient tels des grains de sable.

J'ai détenu le record israélien du 400 mètres pendant treize ans, de 1987 à 2000, mais je n'ai jamais eu l'ambition d'être une grande championne. Le sport fut la belle caravelle d'une navigation tant intérieure que géographique.

J'avais été repérée à l'école, à l'âge de 11 ans. Une foulée légère, un pied prompt au rebond. On m'a surclassée, entraînée aux côtés des seniors, âgés de 18 ans. Peu avant 16 ans, j'ai remporté une compétition dont le premier prix fut un séjour à Paris.
En marchant le long de la Seine, j'ai pensé à Hanna, ma grand-mère. Elle était venue à Paris elle aussi.

En 1921, à 18 ans. Étudiante aux Beaux-Arts, elle venait de Plovdiv en Bulgarie. À Paris, elle a rencontré Jacob Kolodni, mon grand-père. Il était linguiste, parlait le français, le russe et le polonais. Le yiddish, l'hébreu, l'arabe ainsi que l'espéranto. Il écrivait l'araméen et le grec ancien. Il venait de Horodyszcze, à l'extrême est de la Pologne. Son village faisait face aux frontières de la Biélorussie et de l'Ukraine. Hanna et Jacob se sont aimés à Paris. Ils y eurent deux enfants, mon oncle Émile, en 1932, puis mon père Joseph, né en 1935. En 1940, il leur a fallu fuir Paris. Se cacher. Parfois être séparés de peur d'être repérés. Ils sont arrivés à Nice en 1942, après deux ans d'itinérance.

Ils ont rejoint Israël en 1946, se sont établis à Kfar Saba, près de Tel-Aviv. Grand-père aimait les livres avec passion, on en trouvait partout à la maison. Il ne nous laissait jamais en acheter, tenait à nous les offrir. Il nous demandait : « Quel univers as-tu envie d'explorer ? Je te proposerai de bons ouvrages. » Il a fondé une bibliothèque à Beit Berl. C'est l'œuvre de sa vie, elle porte son nom.

J'aime à penser que je prolonge ce trait initié par Hanna et Jacob. Le graphisme est mon langage. Au jardin d'enfants, avant même d'écrire, j'avais repéré ce triangle désignant mon nom sur les porte-manteaux. « C'est moi, ça ? », je demandais à ma mère quand on croisait un panneau identique. J'ai étudié le design, en parallèle de ma carrière d'athlète. À l'entraînement, entre deux foulées, il m'est arrivé de dénicher un trèfle à quatre feuilles sur le bas-côté.

En 1996, c'est un diplôme d'architecture que j'ai décroché, à l'école Polytechnique de Milan.
La construction intellectuelle, ça me va bien.
Changer les formes en signes qui éclairent la pensée.
Ils sont mon espéranto.

pour la première fois...

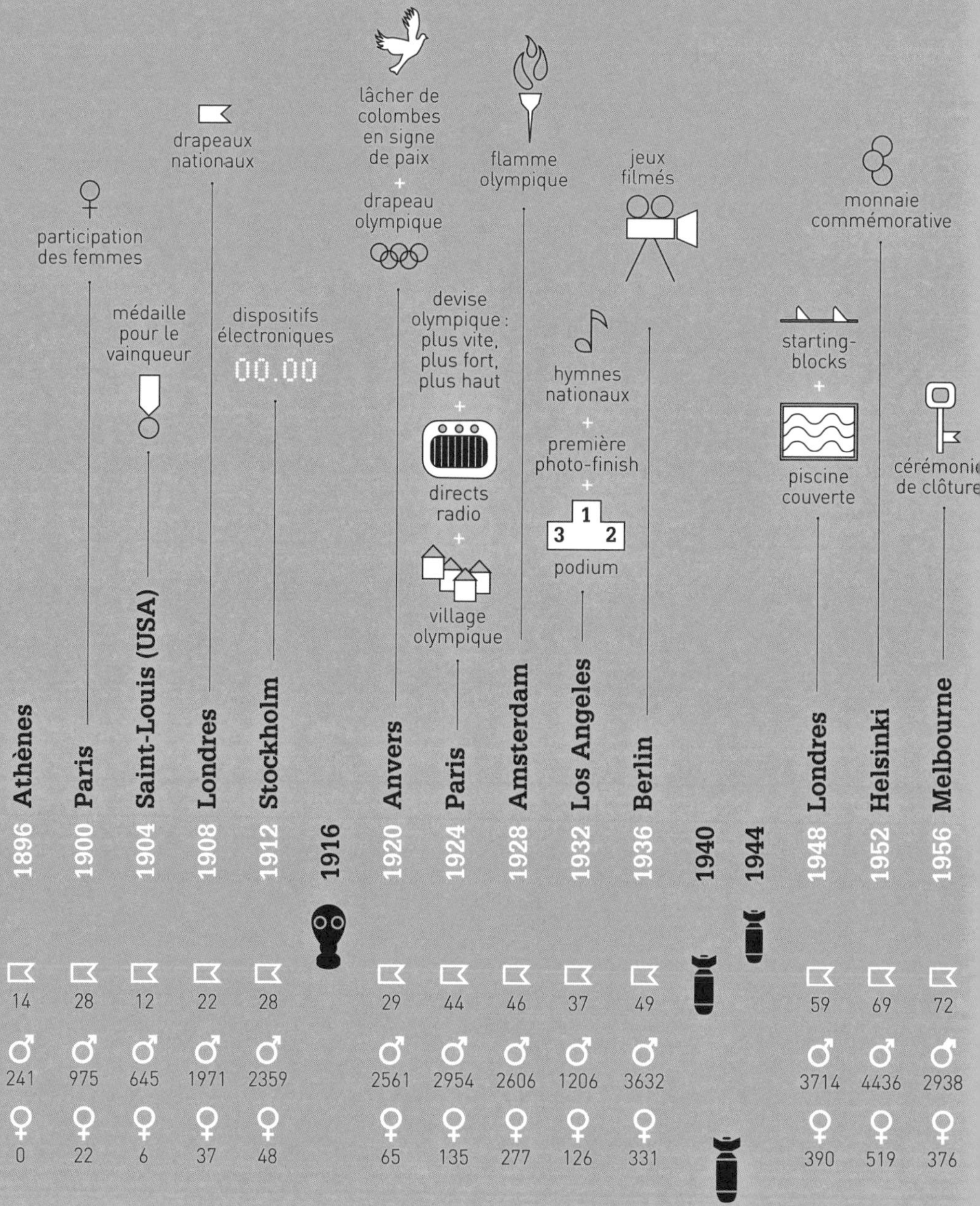

				♂	♀
1960	Rome	directs télé	83	4727	611
1964	Tokyo	utilisation d'un ordinateur	93	4473	678
1968	Mexico	XX XX XX / XX XY XX / XY XX XX — tests de féminité + contrôles antidopage	112	4435	781
1972	Munich	mascotte	121	6075	1059
1976	Montréal	test sur les anabolisants + premiers jeux paralympiques	92	4824	1260
1980	Moscou		80	4064	1115
1984	Los Angeles	professionnels autorisés à concourir	140	5263	1566
1988	Séoul		159	6197	2194
1992	Barcelone		169	6652	2704
1996	Atlanta	www site web	197	6806	3512
2000	Sydney		199	6582	4069
2004	Athènes	transgenres officiellement admis	201	6296	4329
2008	Pékin		204	6305	4637
2012	Londres	chaque pays participant avait au moins une athlète féminine	204	5892	4676
2016	Rio	équipe olympique des réfugiés	207	6179	5059
2020	Tokyo		206	5651	5386

eau froide

1896 - 1924

Lors de la toute première édition des Jeux modernes à Athènes en 1896, les nageurs sont déposés en barque au beau milieu de la baie de Zéa, l'un des ports du Pirée, puis doivent rejoindre le rivage à la nage. Le premier vainqueur du 100 m nage libre est le Hongrois **Alfréd Hajós**, 18 ans, qui décroche aussi l'or sur 1 200 m. Avant la course, le jeune homme se serait enduit le corps de graisse afin de survivre aux eaux glaciales (seulement 13 °C, avec des vagues de 4 m). Aux JO de Paris, en 1924, Hajós remportera l'argent… en architecture. Des concours d'art ont figuré au programme jusqu'en 1948.

eau chaude

1968 - 1972

Aux Jeux de Munich, en 1972, l'incroyable nageur américain **Mark Spitz** devient le premier athlète à gagner 7 médailles d'or en une seule édition. En huit jours, il est engagé dans sept épreuves, les gagne toutes et claque un record du monde dans chacune d'entre elles ! Spitz conserve son record pendant trente-six ans jusqu'à ce qu'un autre phénomène américain, **Michael Phelps**, reparte de Pékin avec 8 trophées. Spitz a pris sa retraite sportive juste après Munich, à seulement 22 ans, mais, en 1992, un producteur de films lui propose 1 million de dollars s'il parvient à se qualifier pour Barcelone. Spitz accepte le défi mais, plus tout à fait au niveau, il doit renoncer.

à fond

1896

Grimper à la corde lisse était, à l'époque, une discipline de gymnastique. Les concurrents partaient d'une position assise et se hissaient à la seule force de leurs bras. Le Grec **Nikólaos Andriakópoulos** est le plus rapide (23,4 secondes) à atteindre le sommet, à 14 m, devant son compatriote **Thomás Xenákis**. Malheureusement, ce sera la dernière médaille d'or grecque en gymnastique, jusqu'à celle de **Ioánnis Melissanídis** en 1996. Cent ans après.

à bloc

2020

La vitesse, le bloc et la difficulté sont les trois disciplines de l'escalade sportive olympique. À Tokyo, c'est une épreuve combinée. Parmi les premiers concurrents de l'histoire figurent deux frères français : **Bassa** et **Mickael Mawem**. Bassa, l'aîné, établit le premier record olympique en vitesse, à 5,45 secondes. Mickael termine 1er des qualifications. Mais tout se détraque : Bassa, blessé au biceps gauche, est forfait pour la finale, Mickael termine 5e, laissant l'or à « l'Homme-Araignée espagnol », **Alberto Ginés López**, 18 ans. Chez les femmes, c'est la Slovène **Janja Garnbret** qui repart avec l'or.

tuer

1900

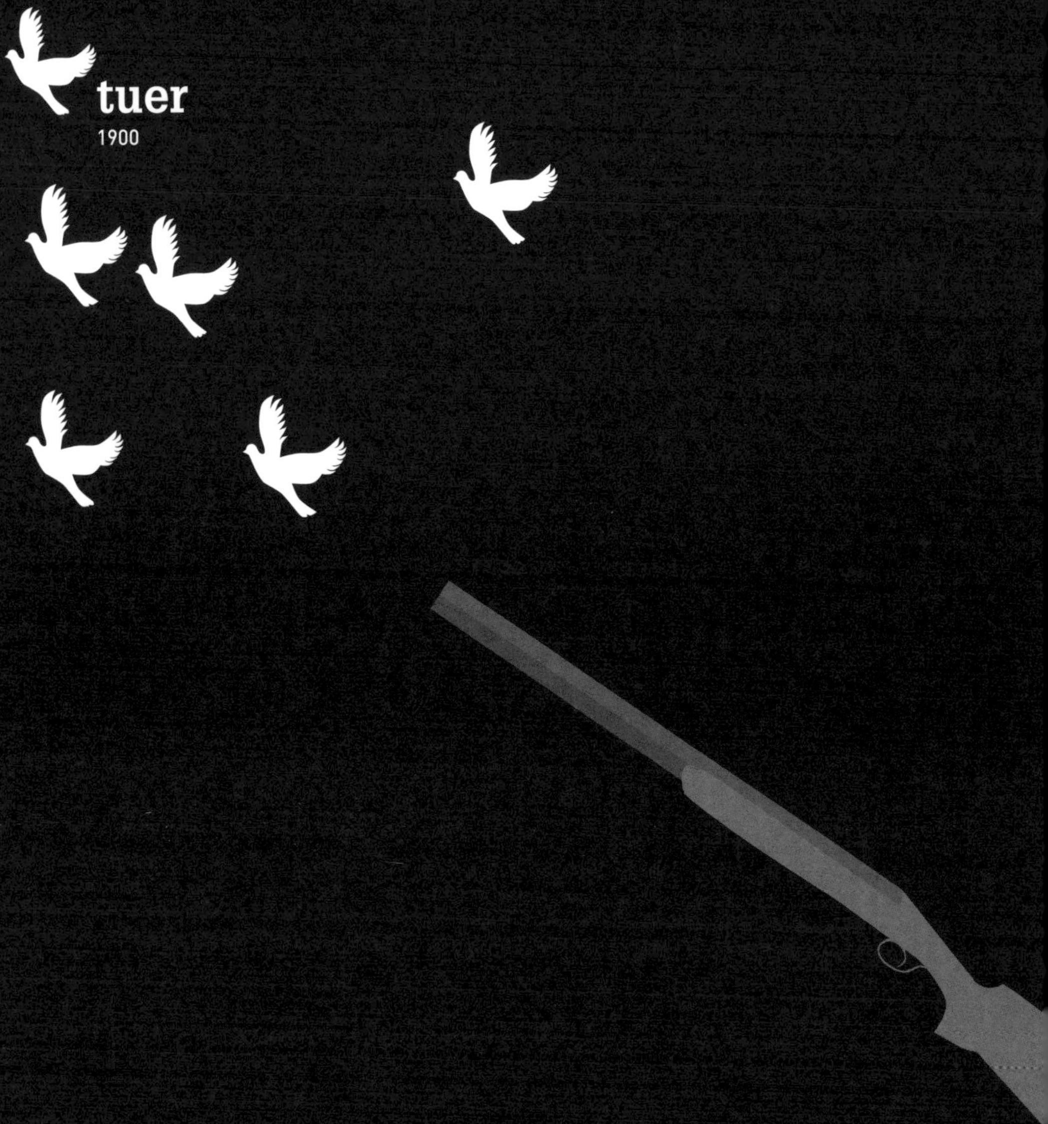

Le Belge **Léon de Lunden** remporte, à Paris, le premier et dernier tir au pigeon sur cibles vivantes. Il en tue 21 et empoche une coquette somme pour sa performance. Mais le spectacle macabre et sanglant de 300 pigeons morts gisant au sol convainc les organisateurs d'épargner ces volatiles à l'avenir. Pour les prochains concours, on optera donc pour un pigeon d'argile : un disque de 105 g, d'un diamètre de 11 cm et d'une épaisseur de 2,5 cm.

tirer

1988 - 1992 - 1996 - 2000 - 2004 - 2008 - 2012 - 2016 - 2020

Âgée seulement de 19 ans quand elle participe à ses premiers Jeux, à Séoul en 1988, **Nino Salukvadze** remporte l'or (pistolet à 25 m) et l'argent (pistolet à air comprimé à 10 m) pour l'URSS. Depuis elle a participé à huit autres éditions olympiques, ajoutant 1 médaille de bronze en 2008 (pistolet à air comprimé à 10 m) pour le compte de la délégation géorgienne. À Rio, en 2016, elle formait avec son fils, **Tsotne Machavariani**, le premier duo mère-fils à participer à des Jeux olympiques.

ingénue

1900

La jeune Américaine **Margaret Abbott** passe ses vacances à Paris pour visiter l'Exposition universelle lorsqu'elle s'inscrit avec sa mère, **Mary**, à un tournoi de golf sur le parcours de Compiègne.

Elle remporte (sa mère est arrivée 7e) ce qu'elle croit être un banal tournoi organisé en marge de l'Exposition et ignorera toute sa vie qu'elle a été la première championne olympique de golf.

hégémonie

2020

Originaire de Grande-Bretagne, le golf olympique est avant tout une affaire américaine. **Charles Sands** et **Margaret Abbott**, premiers médaillés, étaient américains. En 1904, sur les 77 participants de l'épreuve, 74 sont américains et 3 sont canadiens. À Tokyo, le tournoi féminin a été remporté par **Nelly Korda** et l'épreuve masculine par **Xander Schauffele**. Depuis la réintégration de cette discipline au programme olympique en 2016 à Rio, les États-Unis comptent 13 médailles, dont 5 en or, loin devant la Grande-Bretagne (3 médailles, dont 1 en or).

équipement olympique

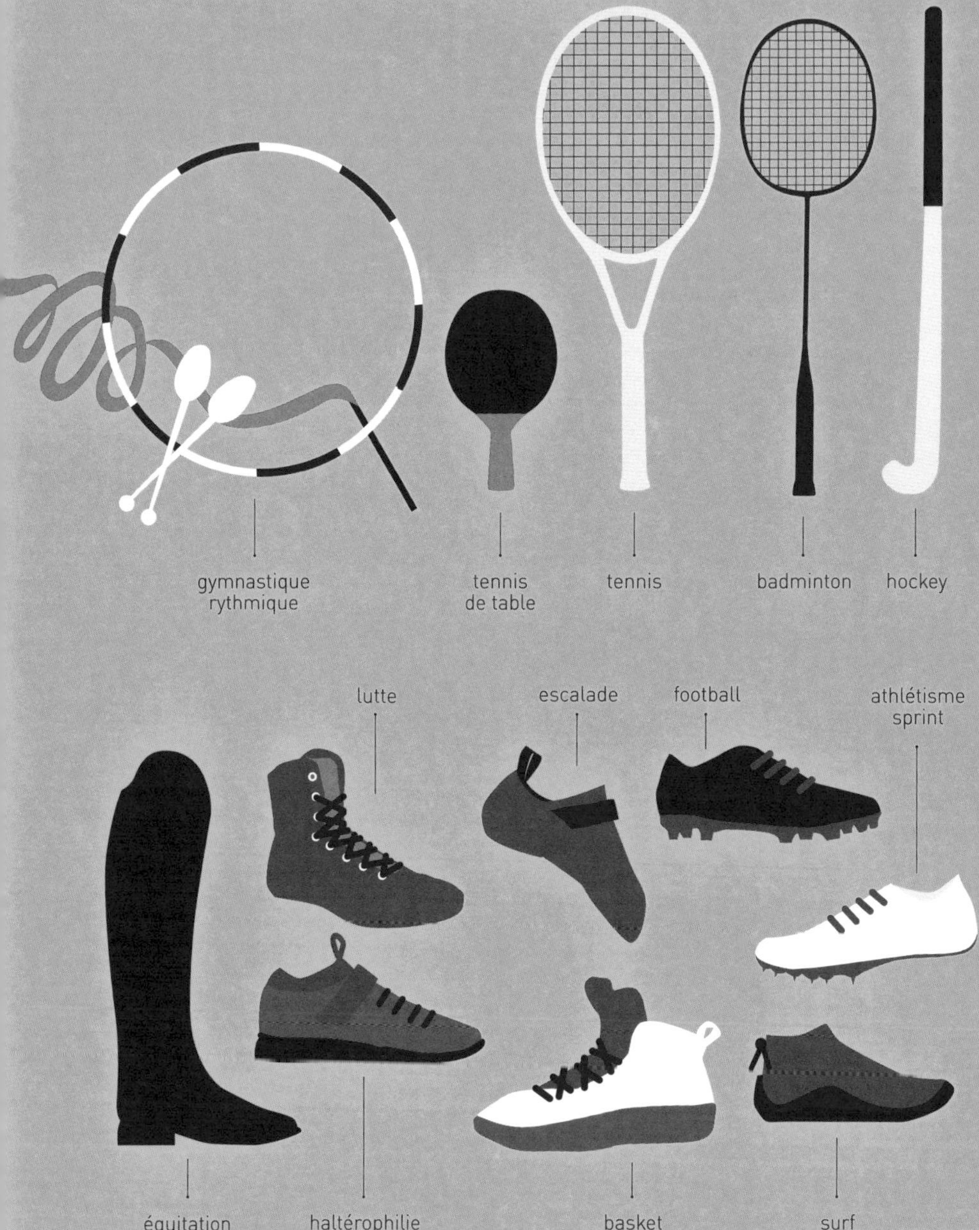

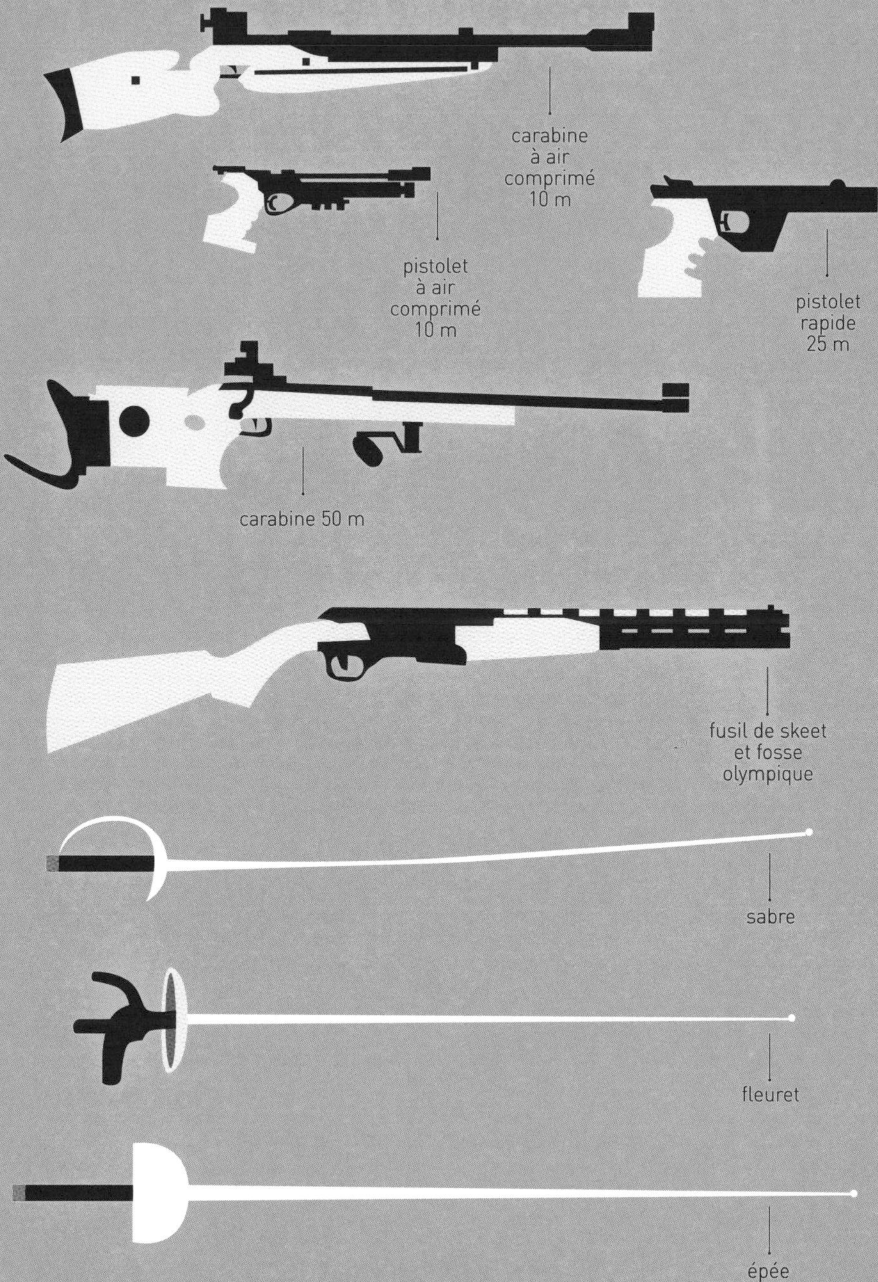
carabine à air comprimé 10 m
pistolet à air comprimé 10 m
pistolet rapide 25 m
carabine 50 m
fusil de skeet et fosse olympique
sabre
fleuret
épée

baby champion

1900

En aviron, **François Brandt** et **Roelof Klein** participent aux Jeux olympiques de Paris avec un barreur, **Hermanus Brockmann**, pour diriger le bateau. Mais après avoir perdu sa série, l'équipage néerlandais trouve que Brockmann est beaucoup trop lourd (60 kg). Pour la finale, ils recrutent donc un jeune Parisien de 33 kg qui les mène à la victoire. Cet enfant, resté anonyme, est probablement le plus jeune médaillé d'or olympique de tous les temps. « Il avait peut-être 9 ans », racontera Klein des années plus tard. Brandt et Klein décrocheront le bronze avec Brockmann sur le huit néerlandais.

baby podium

2020

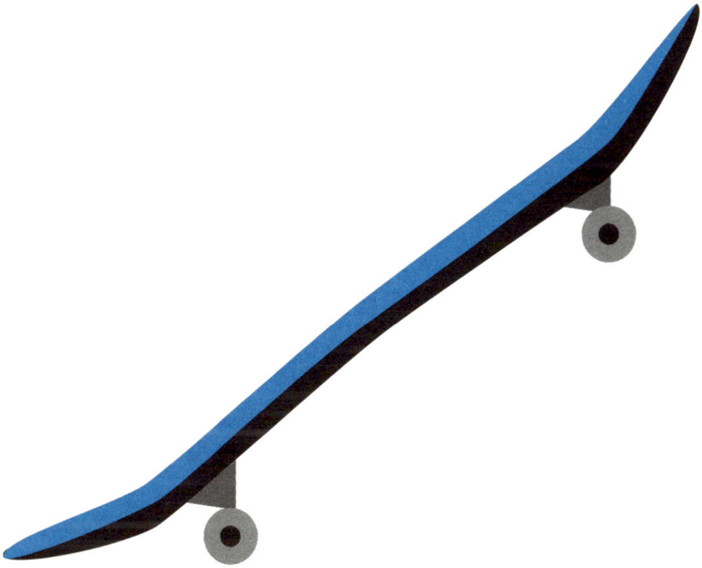

Les débuts olympiques du skateboard féminin à Tokyo ont accouché, en street, du plus jeune podium de tous les temps. Âge moyen : 14 ans et 191 jours. Il est composé, dans l'ordre, de la Japonaise **Momiji Nishiya**, 13 ans et 10 mois, de la Brésilienne **Rayssa Leal**, 123 jours de moins, et d'une autre Japonaise, **Funa Nakayama**, 16 ans. Momiji Nishiya est aussi devenue la plus jeune femme à remporter l'or olympique aux Jeux d'été depuis 1936. Le record de précocité restant celui de l'Américaine **Marjorie Gestring**, sacrée au plongeon à 3 m aux Jeux olympiques de Berlin, à 13 ans et 8 mois.

fractions de seconde

1900 - 1904 - 1908

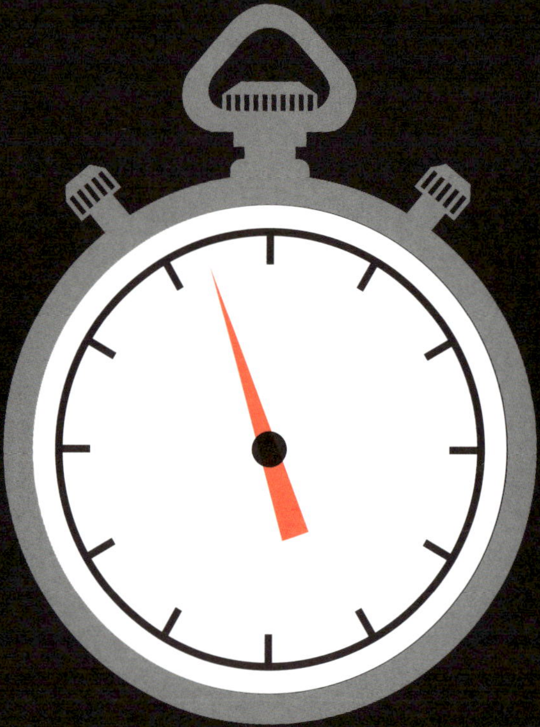

À Saint-Louis, en 1904, le Hongrois **Zoltán von Halmay** est contraint de redisputer la finale du 50 m nage libre contre l'Américain **Scott Leary**. La faute au chronométrage, qui se fait au 1/5e de seconde. Trop imprécis, il donne les deux nageurs ex aequo lors de la première course, alors que le Hongrois est visuellement devant. La deuxième est la bonne pour Halmay. De 1900 à 1908, il remporte 9 médailles (3 en or, 5 en argent, 1 en bronze). Une prouesse quand on sait qu'il ne nageait qu'avec les bras, contrairement aux Américains.

photo-finish

1932

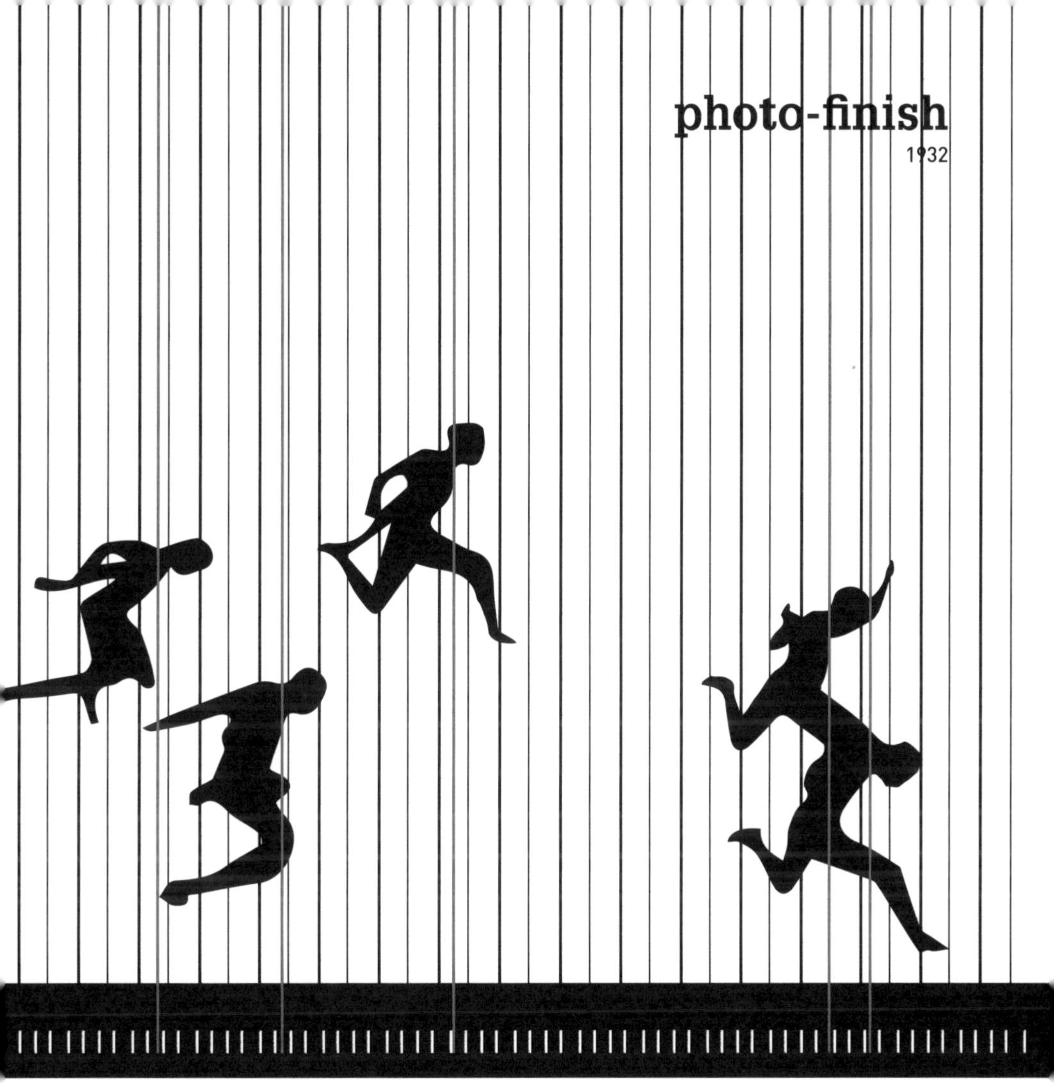

Lors des premiers JO, les juges étaient équipés de leur propre chronomètre. En 1932, l'horloger suisse Omega débarque à Los Angeles avec trente appareils, capables de donner un temps au 1/100e de seconde près. Mais en finale du 100 m, c'était encore trop imprécis : les Américains **Eddie Tolan** et **Ralph Metcalfe** terminent avec le même temps (10 s 38). Pour la première fois de l'histoire, le vainqueur sera jugé à la photo-finish et Tolan décroche enfin l'or. Metcalfe est déçu, mais il était encore plus frustré par le bronze au 200 m, lorsqu'il a découvert que son couloir était légèrement plus long…

guérison

1900 - 1904 - 1908

Rien ne prédestinait **Ray Ewry** à devenir l'un des plus grands athlètes de l'histoire des Jeux. À 7 ans, il contracte la poliomyélite. Selon les médecins, il est condamné à passer le reste de sa vie en fauteuil roulant. Mais à force d'entraînement, le jeune Américain remarche et gagne à Paris, en 1900, les trois concours de saut sans élan (hauteur, longueur, triple saut). Quatre ans plus tard, à Saint-Louis, il réitère l'exploit avec un nouveau triplé. En 1908, à Londres, il remporte pour la troisième fois le saut en hauteur et le saut en longueur (le triple saut n'est plus au programme). Tous les sauts sans élan seront supprimés après 1912.

thérapie

1952 - 1956

Huit ans avant les Jeux d'Helsinki, la cavalière danoise **Lis Hartel**, 23 ans, enceinte de son deuxième enfant, est frappée par la poliomyélite. Il lui faut des années de rééducation, avec le soutien de sa mère et de son mari, pour pouvoir participer à la compétition, en 1952. Bien que paralysée sous les genoux et devant être aidée pour monter et descendre de son cheval Jubilee, Hartel remporte 1 médaille d'argent en dressage, épreuve auparavant réservée aux hommes. Dans un geste d'élégance rare, le vainqueur, le Suédois **Henri Saint Cyr**, la portera dans ses bras jusqu'au podium. Les deux cavaliers se retrouveront à Stockholm, quatre ans plus tard, pour le même résultat : Saint Cyr en or, Hartel en argent.

Baron Pierre de Coubertin : « Impratique, inintéressante, inesthétique, et nous ne craignons pas d'ajouter : incorrecte, telle serait à notre avis cette demi-olympiade féminine. » **1912**

sport pour tous

« L'important dans la vie, ce n'est point le triomphe, mais le combat. L'essentiel n'est pas d'avoir vaincu, mais de s'être bien battu. » Cette citation est devenue l'une des plus célèbres de **Pierre Fredy, baron de Coubertin.** En fait, le père des Jeux olympiques modernes n'est pas à l'origine de cette phrase magnifique, il a paraphrasé un passage d'une homélie prononcée par l'archevêque de Pennsylvanie pendant les JO de Londres (1908). Coubertin a toujours été fasciné par le système éducatif des collèges anglais et américains, où l'activité physique jouait un rôle central. Il pensait que le sport était la clé du développement de l'énergie mentale. Sa fascination pour les jeux de la Grèce antique à Olympie l'a amené à envisager de ressusciter cet événement historique dans le monde entier. En 1894, il a fondé le Comité international olympique (CIO) afin de contribuer à la construction d'un monde pacifique et meilleur en éduquant les jeunes par le biais du sport. Coubertin a laissé au monde un précieux héritage même si la vision qu'il avait du sport féminin n'allait pas vraiment dans le sens de l'histoire.

flèche en or

1904

L'Américaine **Matilda « Lida » Howell** est la première à s'imposer au tir à l'arc à l'occasion des Jeux de Saint-Louis. C'est un carton plein : 3 médailles d'or dans les trois épreuves proposées aux femmes. Entre 1883 et 1907, Lida Howell a participé à 20 championnats nationaux, remportant 17 d'entre eux. Le tir à l'arc était au programme des Jeux jusqu'en 1920, puis disparaît avant d'être réintégré en 1972.

cible mouvante

1988 - 1992 - 2000

À seulement 17 ans et pour sa première participation, l'archère sud-coréenne **Kim Soo-nyung** remporte l'or en individuel et par équipes. Le tout chez elle, à Séoul. Quatre ans plus tard, après avoir obtenu l'argent (individuel) et l'or (par équipes) à Barcelone, elle décide de prendre sa retraite, à 21 ans. Mais ce n'était, en fait, qu'une longue pause. Elle revient après huit ans et deux enfants, pour offrir 1 médaille d'or par équipes à la Corée et décrocher le bronze en individuel.

une si longue attente

1904

À Saint-Louis, en 1904, la boxe fait ses grands débuts olympiques, mais seulement comme sport de démonstration et uniquement pour les hommes. Les femmes, quant à elles, n'ont pu prétendre au podium olympique qu'à partir de 2012, soit plus de cent ans après les hommes. Avant les Jeux de Londres, l'Association internationale de boxe amateur a proposé la jupe comme uniforme « adapté au genre ». Une idée vite balayée, grâce à une pétition en ligne.

enfin, l'or au féminin !

2012 - 2016

Née dans une famille avec un père violent, **Nicola Adams** s'est réfugiée dans la boxe dès l'âge de 13 ans. Très vite, elle est devenue la meilleure représentante de l'Angleterre dans ce sport, mais l'histoire retiendra qu'elle est la première femme à remporter 1 médaille d'or olympique en boxe, aux Jeux de Londres. Adams a même réussi à conserver sa couronne chez les moins de 51 kg à Rio en 2016. Une première britannique depuis **Harry Mallin**, sacré en 1920 à Anvers, puis à Paris en 1924.

jambe de bois

1904

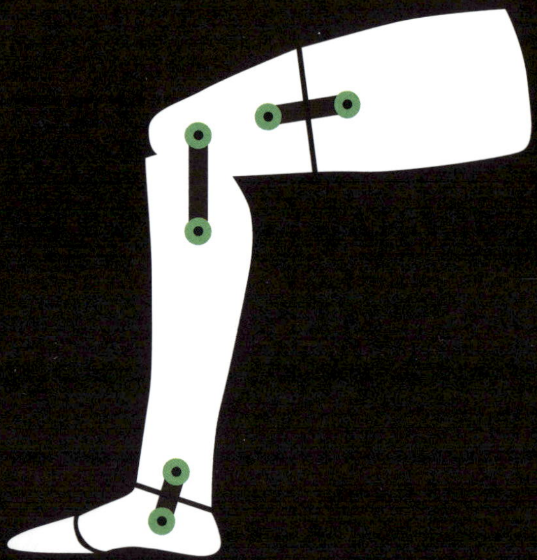

Le gymnaste américain **George Louis Eyser**, qui avait perdu sa jambe gauche dans un accident de train, est le premier athlète à concourir avec une prothèse. Malgré son handicap et un début de compétition catastrophique à Saint-Louis, il remporte 3 médailles d'or (barres parallèles, saut de cheval et grimper de corde), 2 médailles d'argent (concours général à quatre agrès et cheval d'arçons) et 1 médaille de bronze (barre fixe).

Blade Runner

2004 - 2008 - 2012

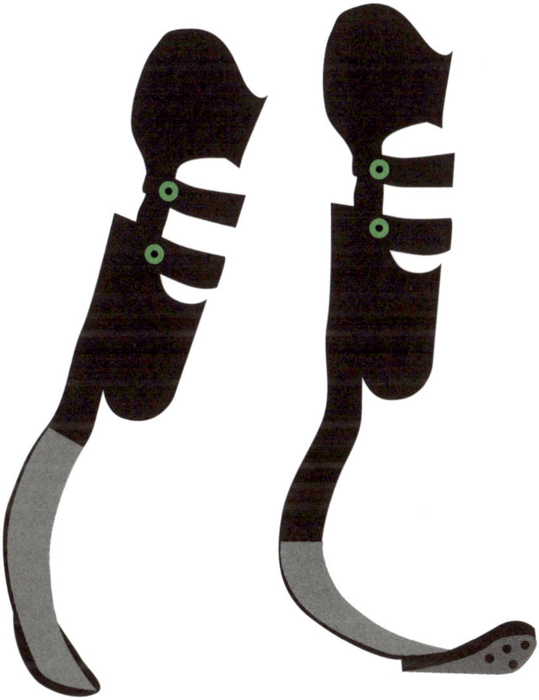

Le Sud-Africain **Oscar Pistorius**, amputé des deux jambes, est le dixième athlète à participer à la fois aux Jeux olympiques et aux Jeux paralympiques. Équipé de prothèses en fibre de carbone qui lui ont valu le surnom de « Blade Runner », il remporte 6 médailles d'or aux Jeux paralympiques dans des épreuves de sprint et peut s'aligner aux Jeux de Londres, en 2012, sur 400 m et 4 × 400 m avec les valides. Cinq mois après ces Jeux, Pistorius est condamné pour le meurtre de sa compagne, Reeva Steenkamp.

marathon

♂

2 h 06 min 32 s
2008, Pékin, Record olympique
Samuel Wanjiru (KEN)

♀

2 h 23 min 7 s
2012, Londres, Record olympique
Tiki Gelana (ÉTH)

Spyrídon Loúis a remporté le premier marathon olympique en 1896, chez lui à Athènes, devenant ainsi un héros national.

Abebe Bikila (ÉTH)
Rome 1960 et Tokyo 1964

Waldemar Cierpinski (RDA)
Montréal 1976 et Moscou 1980

Eliud Kipchoge (KEN)
Rio 2016 et Tokyo 2020

Joan Benoit, athlète américaine, a remporté le premier marathon féminin olympique à Los Angeles en 1984.

†

Francisco Lázaro est le premier athlète à mourir lors d'une épreuve de l'ère moderne. Porte-drapeau du Portugal à sa première participation aux Jeux (1912), il s'est effondré après 30 km, avec une température corporelle de 41 °C. On pensait que la mort était due à la déshydratation, mais il s'est avéré que Lázaro s'était enduit de cire pour éviter les coups de soleil, ce qui a empêché son corps de transpirer.

La plus longue des courses olympiques est inspirée de l'exploit du messager grec Phidippidès. La légende raconte qu'après la bataille de Marathon, en 490 av. J.-C., lors de la première guerre médique entre les Grecs et les Perses, il courut de Marathon à Athènes pour annoncer la victoire. Exténué, il en mourut. Le marathon s'est disputé dès la première édition des Jeux modernes, en 1896, à Athènes. Les femmes n'étaient pas autorisées à courir le marathon, alors **Stamáta Revíthi** a décidé de le faire seule, le lendemain. Elle a dû s'arrêter devant le stade panathénaïque, l'entrée lui ayant été refusée.

La distance de 42,195 km, a été adoptée pour la première fois en 1908 à Londres. Le roi Édouard VII avait en effet exigé que la course, qui démarrait au château de Windsor, se termine au pied de sa loge au stade de White City. Cette distance a ensuite varié, jusqu'à ce qu'elle soit définitivement adoptée aux Jeux de Paris en 1924.

courtes pauses

1904

Félix Carvajal, un facteur cubain, a pu participer au marathon olympique de Saint-Louis après avoir convaincu le maire de La Havane de le financer s'il courait autour de l'hôtel de ville. Sauf qu'il aurait perdu au jeu toutes ses économies. Coureur pour le moins fantasque, il se serait présenté sur la ligne de départ en tenue de ville. Un autre concurrent lui aurait taillé son pantalon pour lui en faire un short.

Ce marathon, qui ne comptait que deux points de ravitaillement, s'est disputé sous une chaleur accablante provoquant 18 abandons sur 32 participants. Carvajal a multiplié les pauses pour discuter avec les spectateurs. Lors d'un arrêt dans un verger, l'ingestion de fruits pourris l'aurait obligé à faire une sieste. Qu'importe, même en prenant son temps, il terminera 4e.

longue sieste

1912 - 1920 - 1924

Le Japonais **Shizō Kanakuri** a dû faire un long voyage de dix-huit jours, par bateau et Transsibérien, afin de se rendre aux Jeux de Stockholm en 1912. Le jour du marathon, après avoir couru 30 km sous une chaleur écrasante (32 °C), il s'arrête, exténué, aux abords d'une maison, pour demander un verre d'eau. On lui propose aussi un lit pour se reposer. Il ne se réveillera que le lendemain matin. Honteux, il regagne le Japon sans rien dire à personne. Il reviendra aux Jeux d'Anvers en 1920 (16e) et aux Jeux de Paris en 1924 (abandon) sans que personne ne fasse le lien avec « le disparu de Stockholm ». Jusqu'à ce jour de 1952 où un journaliste suédois le retrouve et lui fait raconter son histoire. En 1967, il est invité à terminer sa course à Stockholm. À 76 ans, il signe le plus long chrono de l'histoire : 54 ans, 8 mois, 6 jours, 32 minutes, 20 secondes et 3 dixièmes.

à l'aide !

1908

Lorsqu'il entre dans le stade de White City, l'Italien **Dorando Pietri** est seul en tête, la victoire du marathon de Londres lui est promise. Mais l'athlète titube et se trompe de direction. Remis sur le bon chemin par plusieurs officiels et membres de la police britannique, il s'écroule, se relève grâce aux officiels, repart, s'écroule, repart… Finalement, il réussit à courir sur quelques foulées pour franchir la ligne d'arrivée. Les Américains portent réclamation. Pour avoir reçu de l'aide, l'Italien est disqualifié au profit d'un Américain, **John Hayes**. Mais devant tant de persévérance, la reine Alexandra insistera pour qu'on lui remette une coupe.

sans assistance

1984

Gaby Andersen-Schiess a manqué le dernier point de ravitaillement du marathon de Los Angeles. Complètement déshydratée, il lui faut 5 min 44 s pour effectuer le dernier tour dans le Coliseum. La coureuse suisse s'arrête de temps en temps, se tient la tête, titube, boite le long de la piste mais, pour éviter la disqualification, fait signe régulièrement à l'assistance médicale qu'elle veut continuer. Elle franchit héroïquement la ligne d'arrivée en 37e position, avant de tomber dans les bras du médecin.

papy champion

1908 - 1912 - 1920

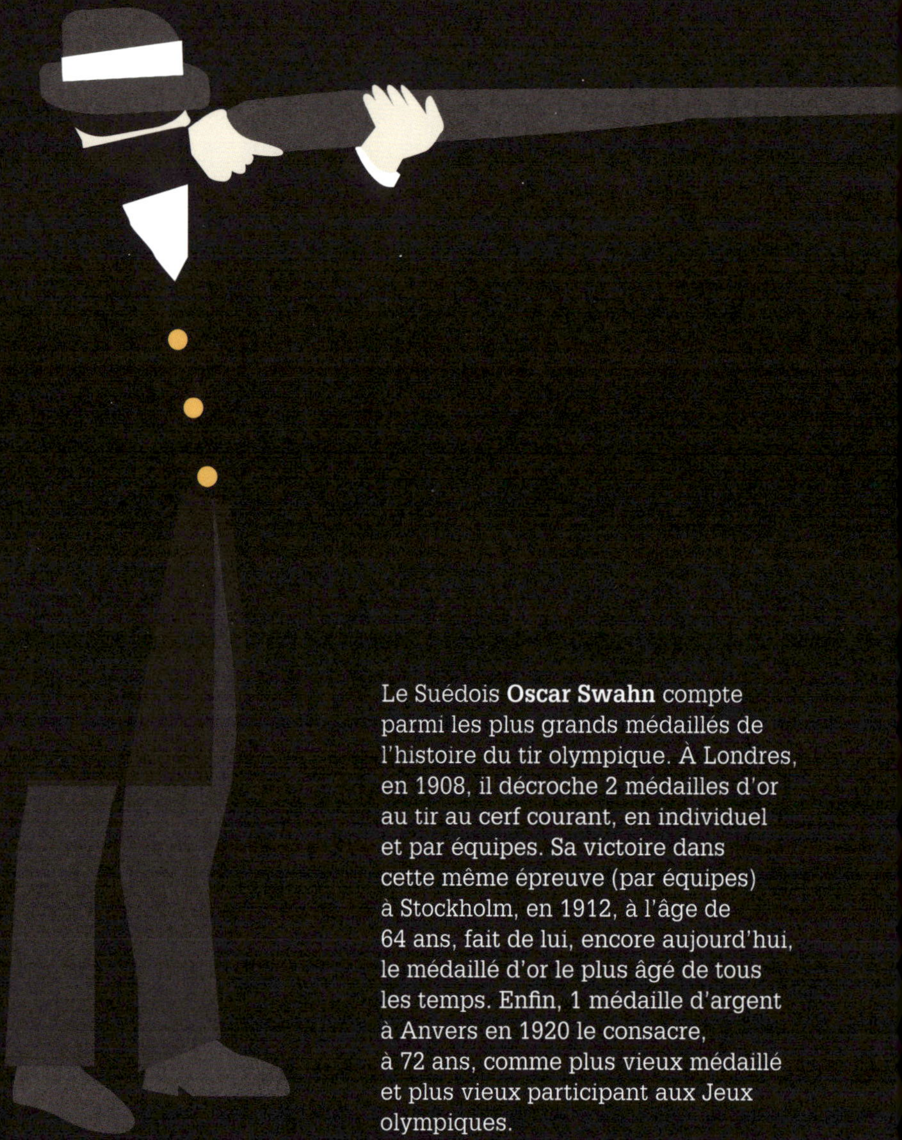

Le Suédois **Oscar Swahn** compte parmi les plus grands médaillés de l'histoire du tir olympique. À Londres, en 1908, il décroche 2 médailles d'or au tir au cerf courant, en individuel et par équipes. Sa victoire dans cette même épreuve (par équipes) à Stockholm, en 1912, à l'âge de 64 ans, fait de lui, encore aujourd'hui, le médaillé d'or le plus âgé de tous les temps. Enfin, 1 médaille d'argent à Anvers en 1920 le consacre, à 72 ans, comme plus vieux médaillé et plus vieux participant aux Jeux olympiques.

mamy championne

1992 - 1996 - 2000 - 2004 - 2008 - 2012 - 2016 - 2020

Quand elle se présente à Tokyo, en 2020, la gymnaste **Oksana Aleksandrovna Chusovitina** a 46 ans, participe à ses huitièmes Jeux olympiques et est mère d'un garçon qui a l'âge de ses rivales. Après qu'on a diagnostiqué une leucémie chez son fils Alisher, elle décide de poursuivre la compétition pour payer ses traitements médicaux et s'installe en Allemagne. Elle est l'une des deux seules gymnastes à avoir participé aux JO avec trois équipes nationales différentes : l'équipe unifiée de l'URSS en 1992 (médaille d'or par équipes) ; l'Ouzbékistan en 1996, 2000, 2004, 2016 et 2020 ; et l'Allemagne en 2008 (médaille d'argent individuelle au saut) et en 2012.

terrains olympiques

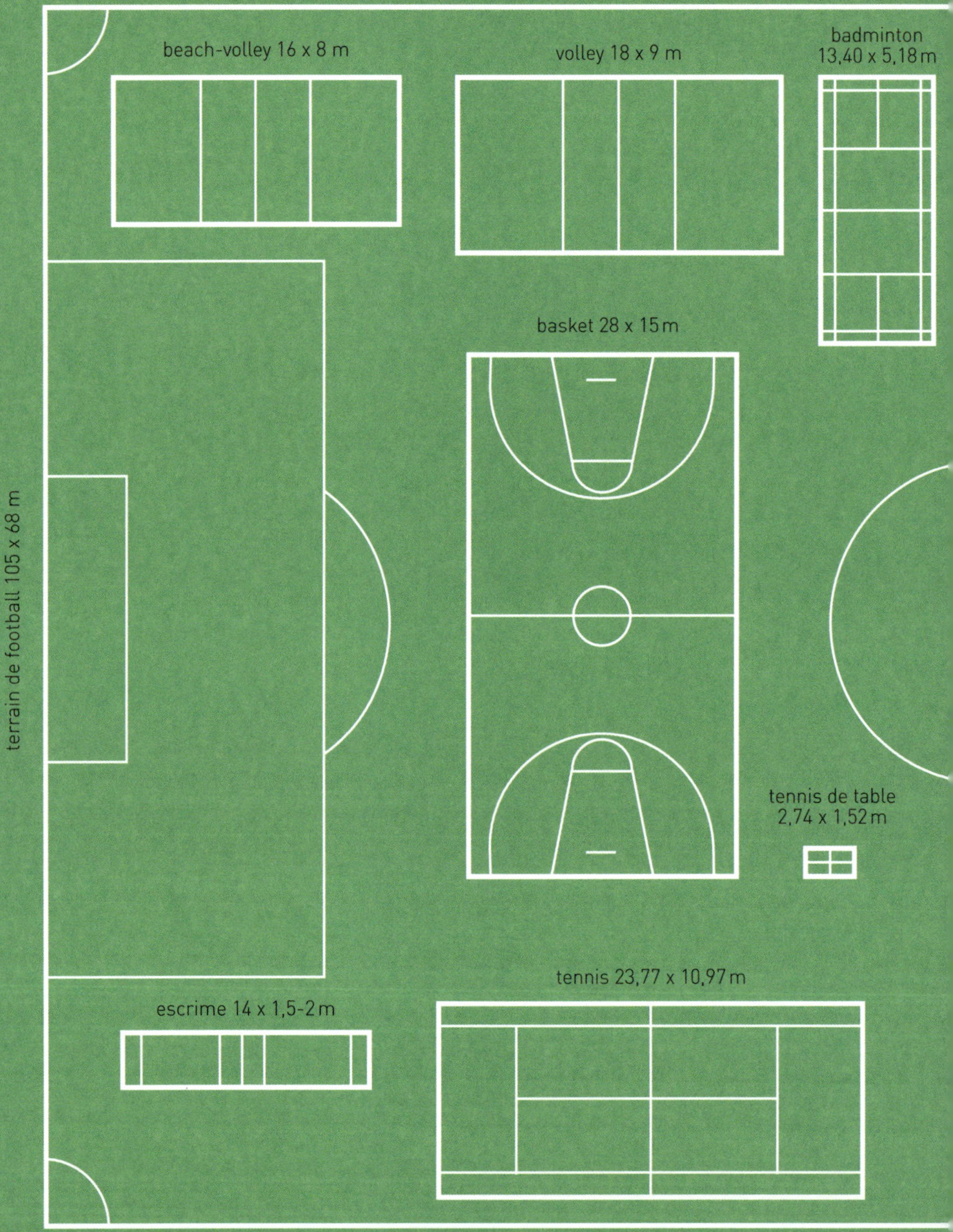

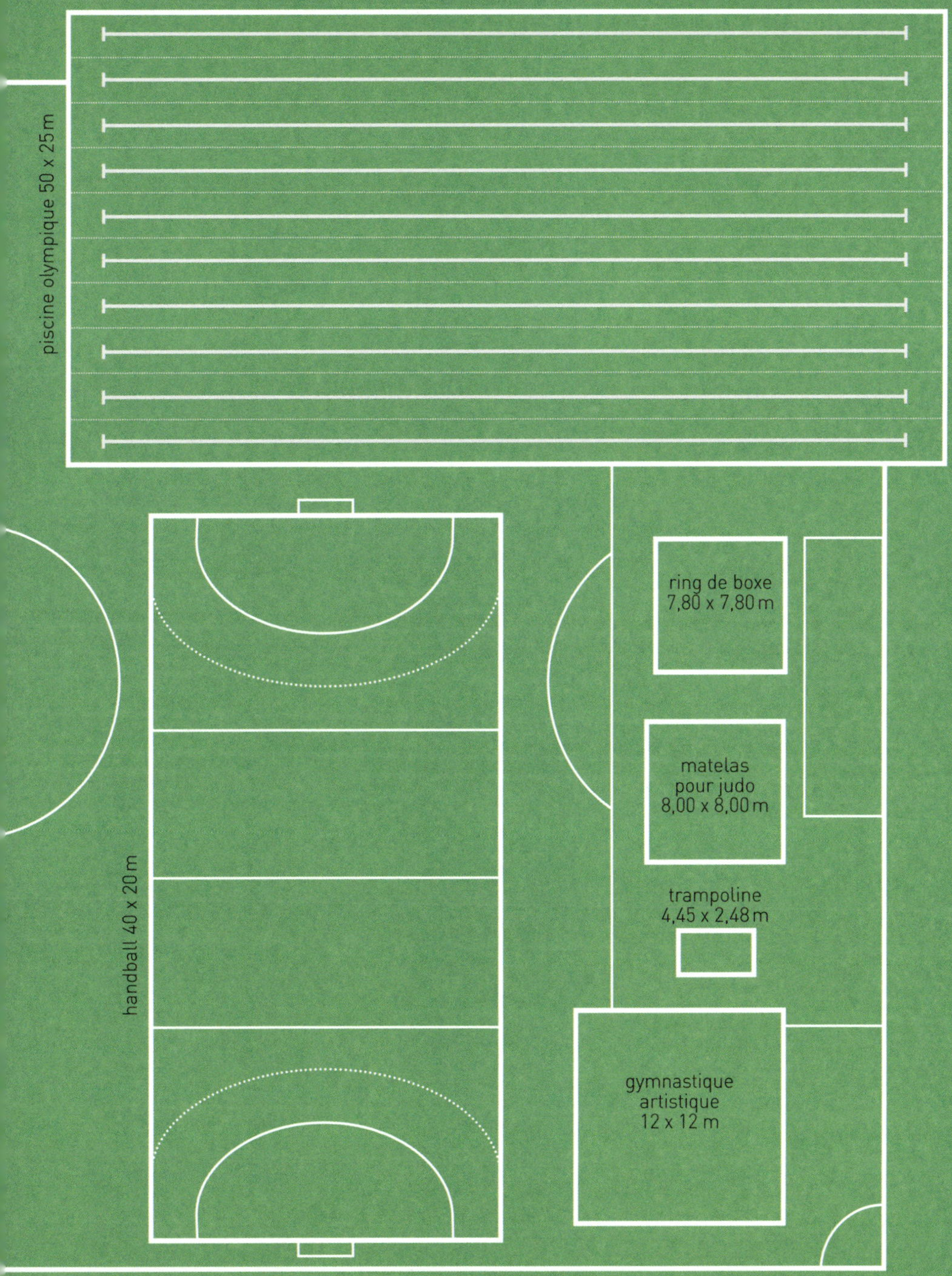
piscine olympique 50 x 25 m
ring de boxe
7,80 x 7,80 m
matelas
pour judo
8,00 x 8,00 m
trampoline
4,45 x 2,48 m
handball 40 x 20 m
gymnastique
artistique
12 x 12 m

sentier lumineux

1912

L'Américain d'origine amérindienne **James « Jim » Francis Thorpe**, ou Wa-Tho-Huk (« Sentier lumineux ») survole le décathlon et l'heptathlon à Stockholm. Le roi Gustave V de Suède dit de lui : « Vous êtes le plus grand athlète du monde. » Sportif complet, il est, en effet, déjà une star du foot américain et un excellent joueur de baseball et de basket. Son retour au pays est salué par une gigantesque parade sur Broadway, à New York. Mais au début de l'année 1913, il est déchu de ses titres olympiques pour « infraction aux règles de l'amateurisme ». En 1909 et 1910, alors étudiant, il avait joué au baseball pour se faire un peu d'argent de poche… Il faudra attendre 1983 pour que le CIO restitue les médailles à ses enfants.

chemin de vie

1972 - 1976

À l'université Graceland (Iowa), **William Bruce Jenner** bénéficie d'une bourse d'études pour jouer au football américain, mais une blessure l'oblige à s'orienter vers le décathlon. Un an plus tard, il se qualifie pour les Jeux de Munich en 1972 (10e place). En 1976, à Montréal, il remporte la médaille d'or et établit un record du monde à 8 618 points. Déjà charismatique, il devient une personnalité de la télévision et du cinéma dès la fin de sa carrière sportive. À l'âge de 66 ans et après trois mariages et six enfants, Jenner annonce son coming-out en tant que femme transgenre. Jenner (aujourd'hui **Caitlyn Jenner**) est considérée comme la personne transgenre ouvertement déclarée la plus célèbre au monde.

fundraising féministe

1912

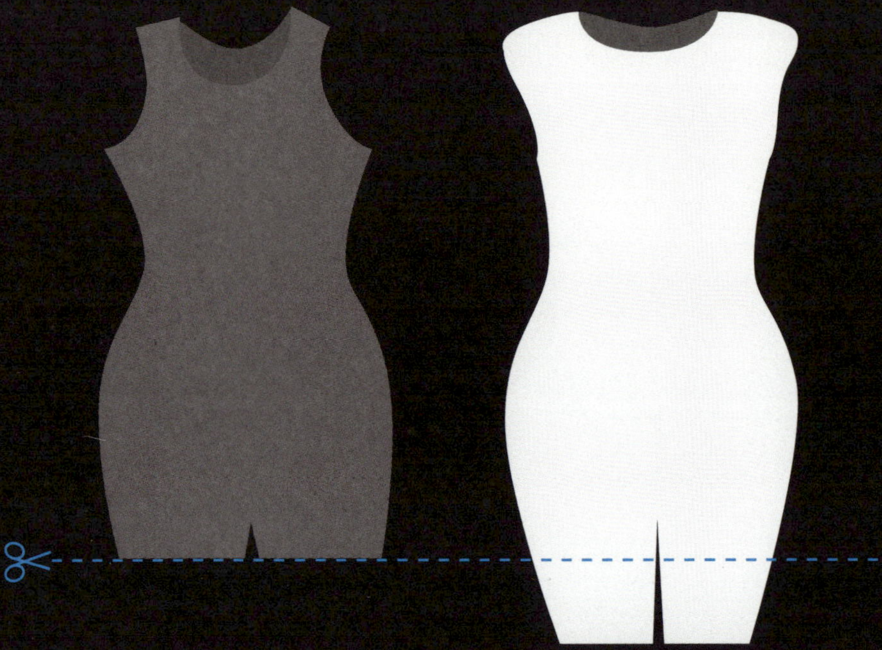

Fanny Durack et **Mina Wylie** voulaient participer aux Jeux olympiques, mais les autorités sportives australiennes interdisaient aux femmes de nager dans des compétitions auxquelles participaient des hommes, et prétextaient le manque d'argent pour envoyer une délégation féminine à Stockholm. Mais grâce à l'adhésion de l'opinion publique et à une collecte de fonds réussie, les deux amies purent rejoindre la Suède. À l'époque, Durack choquait, avec ses maillots de bain moulants, qu'elle préférait aux lourdes tenues en laine « adaptées » aux femmes. Quoi qu'il en soit, elle établit un record du monde en remportant la première médaille d'or olympique de natation féminine, avec 3 secondes d'avance sur son amie Wylie.

fundraising rock

1988 - 1992 - 1996

Devenue indépendante de l'URSS, la Lituanie est prête à concourir aux Jeux olympiques de Barcelone (1992) mais... n'en a pas les moyens. Le basketteur **Šarūnas Marčiulionis**, alors joueur en NBA et déjà médaillé d'or avec l'URSS à Séoul en 1988, fait appel au groupe de rock américain Grateful Dead pour trouver de l'argent et emmener toute l'équipe de basket en Espagne. Le t-shirt aux couleurs de la Lituanie dessiné par Greg Speirs, le designer du groupe, devient aussitôt iconique. L'équipe l'a porté sur le podium pour recevoir la médaille de bronze aux Jeux de Barcelone. Avec ce même esprit, ils ont conquis une nouvelle fois le bronze lors de l'édition suivante, à Atlanta.

élégance

1920

La Française **Suzanne Lenglen** est la première grande star du tennis féminin, quasi imbattable (une seule défaite) lors de sa carrière amateur entre 1919 et 1926. Aux Jeux d'Anvers en 1920, il ne lui a fallu que 10 sets pour remporter le tournoi, en ne perdant que 4 jeux. Elle s'est associée à **Max Decugis** pour gagner 1 nouvelle médaille d'or en double mixte et à **Élisabeth d'Ayen** pour 1 médaille de bronze en double dames.

puissance

2000 - 2008 - 2012 - 2016

La première médaille d'or olympique de la famille **Williams** revient à **Venus** (en simple, à Sydney). Toujours en 2000, associée à **Serena**, elle remporte le double dames. Elles récidiveront à Pékin en 2008 et à Londres en 2012.

À Londres, Serena a également remporté le simple. À Rio en 2016, Venus gagne sa cinquième médaille (argent) avec **Rajeev Ram** en double mixte, devenant ainsi la joueuse de tennis la plus décorée des Jeux olympiques.

saut en longueur

Le saut en longueur remonte à l'Antiquité et fait partie des épreuves olympiques modernes depuis les premiers Jeux d'Athènes en 1896, pour les hommes. Le saut en longueur féminin n'a été ajouté qu'en 1948. L'épreuve combine vitesse, force et agilité pour tenter de sauter le plus loin possible. Chaque concurrent dispose de trois essais, avec trois sauts supplémentaires pour les finalistes.

L'Américain **Carl Lewis** est l'athlète le plus titré de l'épreuve. Il a été champion olympique quatre fois d'affilée en 1984, 1988, 1992 et 1996 et a même enchaîné une impressionnante série de 65 victoires consécutives entre 1981 et 1991.

L'Allemande **Heike Drechsler** a remporté 2 médailles d'or (1992, 2000) et 1 médaille d'argent (1988). Bien qu'elle n'ait jamais échoué à un contrôle antidopage, elle a admis avoir pris à son insu des substances interdites (Turinabol).

Beamonesque. Le saut monstrueux de **Bob Beamon** a inspiré un nouveau mot anglais dans le jargon sportif, qui désigne un exploit remarquable ou étonnant, tellement supérieur à ce qui a été fait auparavant.

♂ 1904 (Saint-Louis) Record olympique au saut en longueur sans élan
Ray Ewry (USA) (3,47 m)

♂ 1968 (Mexico) Record olympique de **Bob Beamon** (USA) (8,90 m)

♀ 1988 (Séoul) Record olympique
Jackie Joyner-Kersee (USA) (7,40 m)

♂ 1896 (Athènes) Première médaille d'or
Ellery Clark (USA) (6,35 m)

♀ 1948 (Londres) Première médaille d'or
Olga Gyarmati (HON) (5,69 m)

sauter

1920 - 1924

Robert « Bob » Lucien LeGendre était un athlète américain polyvalent, aussi à l'aise sur le sprint qu'au saut. Aux Jeux olympiques d'Anvers, en 1920, il s'engage sur le pentathlon et termine 4e. À Paris, quatre ans plus tard, il décroche le bronze sur cette même épreuve combinée. LeGendre n'avait pas réussi à se qualifier pour le concours individuel de saut en longueur, mais il saute mieux que le vainqueur du concours en établissant un record du monde de 7,76 m lors d'une des épreuves du pentathlon.

voler

1968

Le célèbre saut en longueur réalisé à Mexico (2 248 m d'altitude) de **Robert « Bob » Beamon** est l'un des plus grands exploits sportifs de l'histoire : son saut de 8,90 m, record du monde, a pulvérisé de 55 cm la marque précédente et reste le record olympique. Après la prise de mesures et l'affichage des résultats, Beamon n'a pas tout de suite compris l'ampleur de son exploit. Le record du monde de l'Américain a tenu vingt-trois ans, jusqu'à ce que **Mike Powell** le dépasse de 5 cm lors de son duel légendaire avec **Carl Lewis** aux Mondiaux de Tokyo en 1991.

duel équitable

1920 - 1924 - 1928

Dans l'entre-deux-guerres, « les Finlandais volants » règnent sans partage sur les courses de fond. Pour ses débuts olympiques en 1920, à Anvers, **Paavo Nurmi** remporte le 10 000 m et le cross-country (individuel et par équipes), et se classe 2e au 5 000 m. Aux Jeux olympiques de 1924, à Paris, il rencontre pour la première fois **Vilho Eino « Ville » Ritola**, 14e d'une fratrie de 20 enfants émigrés aux États-Unis. Nurmi entre dans l'histoire en devenant le premier athlète à remporter 5 médailles d'or lors d'une même édition olympique, tandis que Ritola ne gagne « que » 4 médailles d'or, et 2 d'argent. Les deux rivaux se retrouvent à Amsterdam en 1928 et se partagent le butin : 1 médaille d'or et 2 d'argent pour Nurmi, 1 en or et 1 en argent pour Ritola.

duel de classe

1980 - 1984

Les Britanniques **Sebastian Coe** et **Steve Ovett**, phénomènes du demi-fond, vont se livrer une bataille féroce et diviser la nation en deux : Ovett, fils de négociant, est perçu comme un col bleu, tandis que « lord » Coe appartient à la classe moyenne. En 1980, aux Jeux de Moscou, Coe, détenteur du record du monde, part favori sur le 800 m, tandis qu'Ovett n'a pas perdu le 1 500 m depuis trois ans. Mais les choses se passent différemment : Coe termine 2e derrière Ovett sur sa distance de prédilection. Six jours plus tard, Coe prend sa revanche sur le 1 500 m. Titre qu'il conservera aux Jeux de Los Angeles en 1984, une première sur cette distance.

Chariots de feu

1924

« Celui qui l'honore, Dieu l'honorera. » **Eric Liddell**, fils d'un couple de missionnaires, était favori pour remporter le 100 m aux Jeux olympiques de Paris en 1924. Mais lorsqu'il découvre que les séries sont programmées un dimanche, l'Écossais refuse de courir, pour respecter le jour du Seigneur. Face à l'incompréhension et la déception du peuple écossais, il décide alors de s'aligner sur 400 m et remporte, un vendredi, 1 médaille d'or, assortie de 1 record olympique (47 s 06). Il complete avec 1 médaille de bronze sur 200 m. Son histoire, et celle de son compatriote, **Harold Abrahams**, vainqueur du 100 m, inspirera le film *Les Chariots de feu.*

le jour du Seigneur

1988 - 1992 - 1996 - 2000

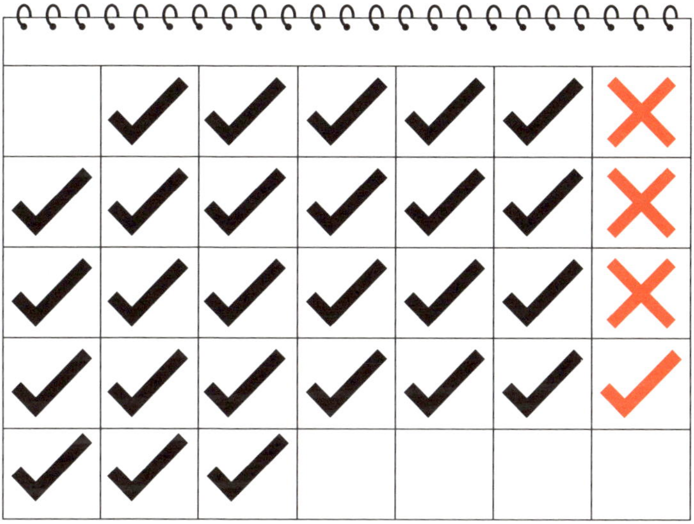

Au début de sa carrière, **Jonathan David Edwards**, spécialiste du triple saut et fils d'un vicaire de l'Église anglicane, refuse de concourir le dimanche en raison de ses convictions religieuses. Il manque ainsi les Mondiaux de Tokyo en 1991. Mais c'est son père qui l'a incité par la suite à « glorifier le nom du Seigneur » sur les pistes du monde entier, même le dimanche...

Premier athlète à avoir franchi la barre des 18 m, il est le favori du concours olympique à Atlanta, en 1996, mais il est battu par l'Américain **Kenny Harrison** (18,09 m). Edwards a finalement été couronné lors de sa quatrième participation olympique, aux Jeux de Sydney, en 2000. Son incroyable record à 18,29 m, établi en 1995, est toujours valable.

au nom du fils

1924

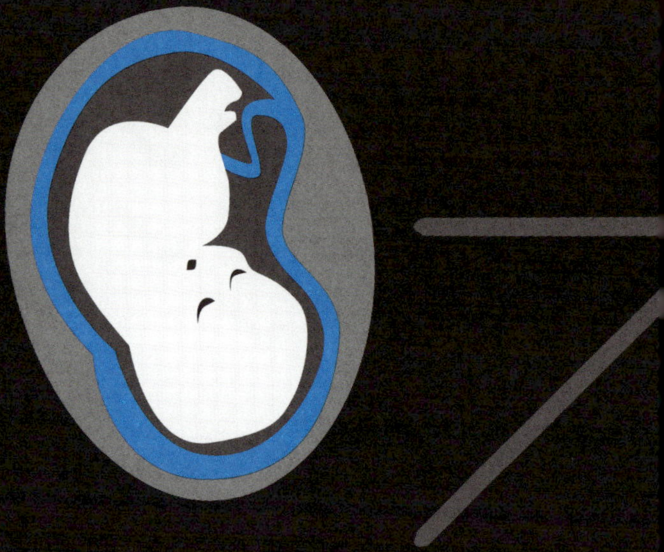

Bill et **Bud Havens**, deux frères américains, s'entraînent sur leurs canoës en bois en vue des Jeux olympiques de Paris. La discipline y fait son entrée comme sport de démonstration. Mais Bill apprend que sa femme attend leur deuxième enfant et il décide de rester à la maison pour assister à la naissance. **John Larcombe** prend sa place dans l'équipe. Quatre jours avant la naissance de son fils Frank, Bill apprend que son jeune frère vient de remporter trois épreuves. Trente ans plus tard, il se rendra compte qu'il avait pris la bonne décision…

au nom du père

1948 - 1952 - 1956 - 1960

… Au fil des ans, **Bill Jr.** et **Frank Havens**, les fils de Bill, sont devenus deux des meilleurs céistes du pays. Ils participent aux Jeux de 1948 à Londres. Frank revient à la maison avec de l'argent autour du cou. Quatre ans plus tard, Frank doit se rendre seul à Helsinki, son frère est touché à un tendon.

Après l'épreuve de canoë monoplace sur 10 km, il envoie ce télégramme à son père :
Cher papa, merci d'avoir attendu que je naisse, en 1924. Je rentre à la maison avec la médaille d'or que tu aurais dû gagner.
Ton fils aimant, Frank.

Tarzan

1924 - 1928

Le nageur américain **Johnny Weissmuller** a remporté 6 médailles olympiques, dont 5 en or : le 100 m nage libre et le relais 4 × 200 m aux Jeux de Paris, puis les mêmes épreuves à Amsterdam. Il a également remporté l'or sur 400 m nage libre et 1 médaille de bronze dans le tournoi de water-polo à Paris. Ce livreur, fils de mineur, est le premier nageur de l'histoire à être passé sous la barre de la minute au 100 m, en 1922. Au cours de sa carrière, il a décroché 28 records du monde. Après son immense carrière sportive, Weissmuller est devenu célèbre dans le monde entier en jouant le rôle de Tarzan dans douze films.

Jane

1928 - 1932

Eleanor Holm n'a que 14 ans lorsqu'elle finit 5e du 100 m dos aux Jeux olympiques de 1928, à Amsterdam. Quatre ans plus tard, elle remporte la médaille d'or, à Los Angeles. En 1936, elle fait une nouvelle fois partie de l'équipe olympique américaine, mais elle est exclue pour son comportement sur le bateau qui la mène vers Berlin. Elle aurait consommé de l'alcool et n'aurait pas respecté le couvre-feu. 220 athlètes se mobilisent pour qu'elle soit réintégrée, en vain. Elle restera à Berlin pour couvrir les Jeux en tant que journaliste. Elle a ensuite mené une très médiatique carrière mondaine et a joué le rôle de Jane dans *La Revanche de Tarzan*, en 1938, aux côtés du champion olympique de décathlon **Glenn Morris**.

surf

♂

Le Brésilien **Ítalo Ferreira** est le premier champion olympique de ce sport. Il a débuté le surf en empruntant une planche à son cousin car il n'en avait pas.

♀

Carissa Moore, originaire des États-Unis, est née à Hawaii. Elle dompte les vagues depuis l'âge de 5 ans. Moore a remporté la première médaille d'or féminine en surf.

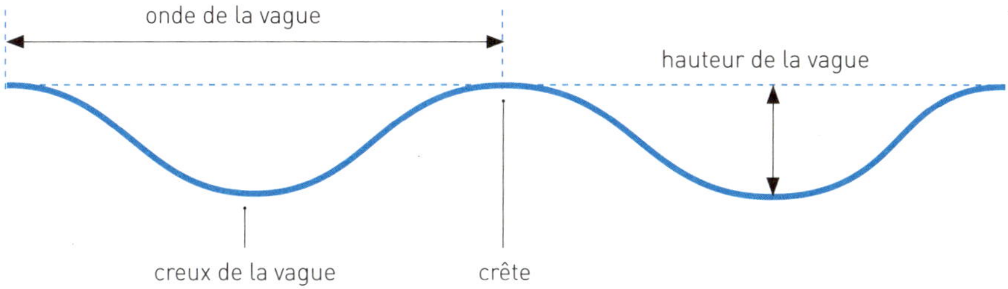

Duke Kahanamoku, originaire d'Hawaii, est considéré comme le père du surf moderne, l'ayant popularisé sur les côtes américaines et australiennes. S'il n'a pu faire la démonstration de son talent de surfeur aux Jeux olympiques, il a toutefois brillé en tant que nageur dès 1912, lorsqu'il remporte le 100 m nage libre avec 2 m d'avance et en égalant le record du monde. Aux Jeux de 1920, il conserve son titre et ajoute une troisième médaille d'or dans le relais 4 × 200 m nage libre. Kahanamoku participe à nouveau aux Jeux olympiques de 1924, il y termine 2e derrière **Johnny Weissmuller**. Son frère, **Sam**, se classe 3e sur ce même 100 m. En 1920, Duke représente également les États-Unis en water-polo.

La Seconde Guerre mondiale a conduit au développement de nouveaux matériaux tels que la fibre de verre, le polystyrène et la résine. La forme des planches de surf a changé, pour un nose rond, et des ailerons ont été introduits, ainsi que des combinaisons pour protéger les surfeurs de l'eau froide. Une nouvelle génération de planches, plus petites et plus légères, a permis aux surfeurs d'affronter des vagues plus difficiles, avec des virages radicaux, transformant le surf en un sport grand public. Le surf est apparu comme sport additionnel à Tokyo en 2020 avec une épreuve de shortboard (planches de moins de 2 m de long), conçus pour s'adapter aux vagues rapides et puissantes.

piste cendrée

1928

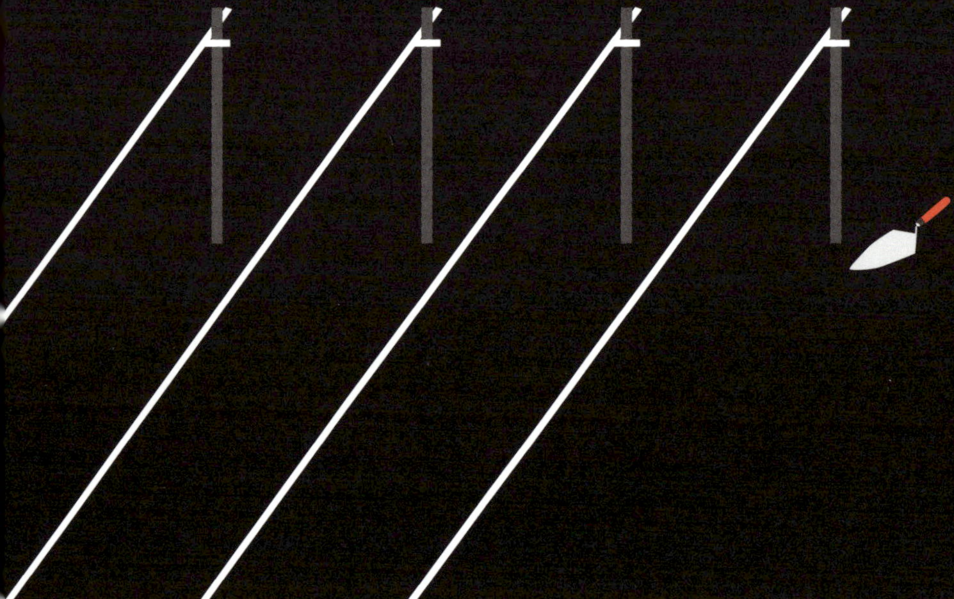

Il fut un temps où le sprint était si rustique que les athlètes devaient utiliser une petite pelle pour creuser des trous… **Percy Williams** a pris le départ de cette manière. Il faudra attendre vingt ans pour que les athlètes puissent utiliser des blocs. Enfant, Williams souffre de rhumatismes articulaires aigus et les médecins lui interdisent de faire du sport, mais lorsqu'on recherche des participants pour les compétitions au lycée, son talent se révèle. Il remporte le 100 m et le 200 m aux essais canadiens et se qualifie pour les Jeux d'Amsterdam, où il décroche la médaille d'or. Sa victoire est une telle surprise que la cérémonie de remise des prix est retardée, le temps de trouver un drapeau canadien et l'hymne national.

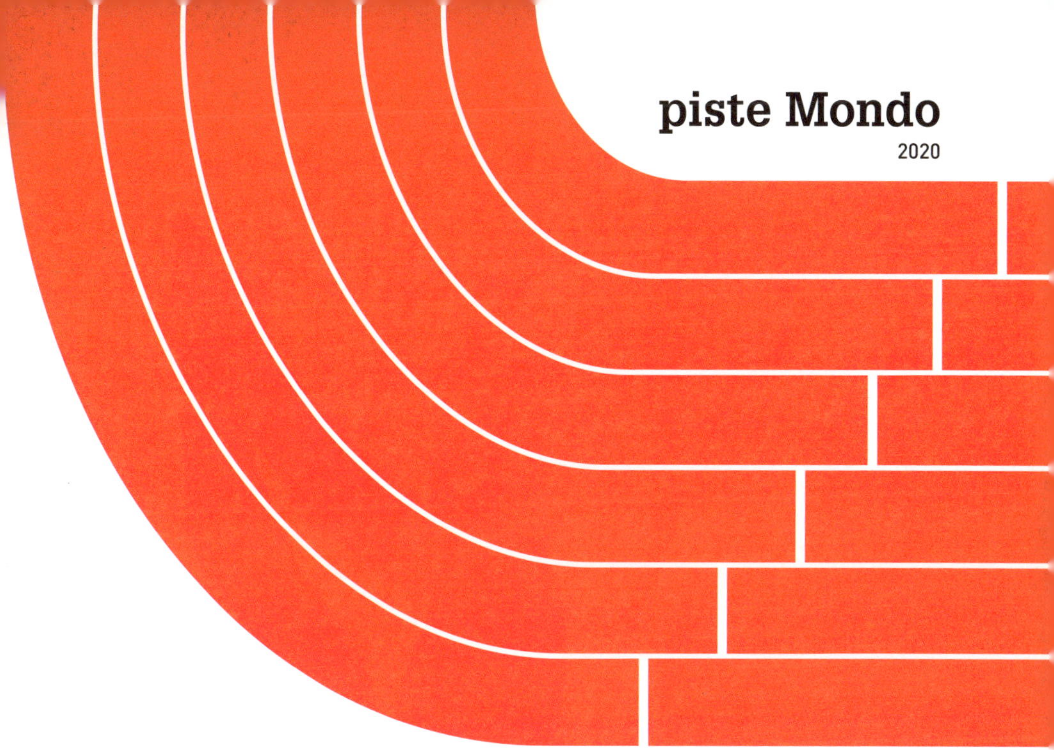

piste Mondo

2020

À Tokyo, **Marcell Jacobs** est le premier Européen à remporter le titre olympique sur 100 m depuis le Britannique **Linford Christie** à Barcelone en 1992, et le premier Italien champion olympique de sprint depuis **Pietro Mennea**, sacré sur 200 m à Moscou, en 1980. Un titre assorti du record d'Europe (9 s 80) pour Jacobs. Mais peu de gens savent qu'au fond, il avait un complice italien… la piste. Mondo, une petite entreprise familiale d'Alba (Piémont), fournisseur officiel des pistes olympiques depuis 1992, produit un caoutchouc vulcanisé qui fait fuser les athlètes. Selon *World Athletics*, près de 300 records du monde ont été établis sur les pistes de Mondo en exrtérieur et en salle.

chute de podium

1928

À Amsterdam, le plongeur égyptien **Farid Simaika** réussit à décrocher le bronze au tremplin à 3 m. Trois jours plus tard, en haut vol à 10 m, il obtient le meilleur score. L'hymne égyptien retentit pour la première fois, le drapeau est déjà hissé… Mais, à la surprise générale, les juges annoncent un nouveau décompte de points puis la victoire de l'Américain **Pete Desjardins**. Par la suite, Simaika, naturalisé américain, s'engagera dans l'US Air Force. En 1943, son avion s'écrasera lors d'une mission au-dessus de l'Indonésie.

chute accidentelle

1976 - 1984 - 1988

À 16 ans, **Gregory Efthimios « Greg » Louganis** remporte l'argent du haut vol à 10 m, à Montréal, en 1976. Le plongeur américain doit faire l'impasse sur l'édition moscovite de 1980 en raison du boycott décidé par les États-Unis. À Los Angeles, en 1984, il décroche la médaille d'or au tremplin à 3 m et sur la plateforme à 10 m, devant son public. En 1988, à Séoul, il se loupe lors des qualifications à 3 m et son crâne heurte le tremplin. Il sort de l'eau sanguinolent et paniqué. Six mois auparavant, il avait appris qu'il était porteur du VIH.

holocauste

1928

La gymnastique féminine fait ses grands débuts officiels aux Jeux d'Amsterdam (1928). L'équipe néerlandaise remporte l'or et reçoit ses médailles des mains de la reine Wilhelmina. Quatorze ans plus tard, 4 des 5 athlètes juives de la délégation, **Estella Agsteribbe**, **Anna « Ans » Dresden-Polak**, **Helena Kloot-Nordheim** et **Judikje Simons**, ainsi que **Gerrit Kleerekoper**, leur entraîneur, sont déportés à Auschwitz et Sobibor, et tués par les nazis. Seule **Elka de Levie** réussit à échapper au destin tragique de ses coéquipières et peut retourner vivre aux Pays-Bas.

la survivante

1952 - 1956

Ágnes Keleti est une survivante.
En 1944, la jeune Hongroise est obligée de fuir, seule, Budapest et la Gestapo. Sa famille vit dans la clandestinité dans la capitale hongroise, mais son père meurt dans les chambres à gaz d'Auschwitz. Après la guerre, elle reprend la gymnastique. Blessée, elle ne peut concourir aux Jeux de Londres (1948). Elle participe ensuite aux Jeux de 1952, à Helsinki, et de 1956, à Melbourne, remportant 10 médailles (dont 5 d'or). En 1956, lorsque les chars soviétiques entrent dans Budapest, elle demande l'asile politique à l'Australie, puis se réfugie en Israël en 1957, où elle devient l'entraîneuse nationale de gymnastique.

miracle

1928 - 1936

Betty Robinson, première femme titrée sur 100 m dans l'histoire des Jeux, n'a que 16 ans lorsqu'un professeur de son lycée la voit sprinter pour ne pas rater un train et n'en croit pas ses yeux… Un an plus tard, elle remporte les Jeux d'Amsterdam (1928). Mais en 1931, l'athlète américaine est victime d'un accident d'avion. La croyant morte, on la retire de l'épave et on la transporte dans le coffre d'une voiture pour l'emmener à la morgue. Pourtant, Robinson est bien vivante et, après deux mois de coma et deux ans de rééducation, elle fait un miraculeux come-back. Incapable de s'agenouiller pour prendre le départ d'une course, elle choisit de s'aligner sur 4 × 100 m aux Jeux de Berlin de 1936. Et remporte 1 médaille d'or.

La nageuse française **Camille Muffat** passe son enfance à rêver de gloire olympique. Son travail acharné porte ses fruits lors de la finale du 400 m nage libre aux Jeux de Londres, en 2012. Elle a également remporté l'argent (200 m nage libre) et le bronze (4 × 200 m nage libre). En 2014, elle annonce prendre sa retraite : « J'ai fait tout ce dont je rêvais. » Début mars 2015, Muffat se rend en Argentine pour participer à une émission de télé-réalité avec plusieurs athlètes français de haut niveau. Le crash de deux hélicoptères lui coûtera la vie ainsi qu'à 9 autres personnes, dont **Alexis Vastine**, médaillé de bronze en boxe aux Jeux de Pékin en 2008.

intersexe

1932 - 1936

La sprinteuse **Stella Walsh**, née en Pologne sous le nom de **Stanisława Walasiewicz**, a émigré avec ses parents aux États-Unis à l'âge de 2 ans. Lors des Jeux de Los Angeles, en 1932, elle choisit de représenter la Pologne car elle travaille au consulat de son pays d'origine à New York afin de financer son rêve olympique. Elle remporte l'or sur 100 m et continue de courir pour la Pologne aux Jeux de Berlin en 1936. Elle n'aura que l'argent, battue par l'Américaine **Helen Stephens**. En 1980, à Cleveland, Walsh est victime d'une balle perdue lors d'un hold-up. Son autopsie révélera qu'elle était en fait une personne intersexe.

hermaphrodite

1936

Cédant à la pression internationale, le Comité olympique allemand invite la sauteuse en hauteur juive **Gretel Bergmann** à participer aux compétitions de qualification olympique, mais deux semaines avant les Jeux de Berlin, il l'informe que, bien que favorite de l'épreuve, elle est écartée pour « performances insuffisantes ». L'Allemagne nazie la remplace par **Dora Ratjen**, qui finit au pied du podium. Deux ans plus tard, dans le train qui la ramène des Championnats d'Europe, on signale à la police « qu'un homme déguisé en femme se trouve à bord ». Il s'avère que Dora Ratjen, devenue Heinrich, était hermaphrodite.

Mokgadi Caster Semenya : « Je m'accepte. Je suis comme je suis et je suis fière de moi. » **2009**

le genre en question

XY XX XY XX XY XX XX
XX XY XX XY XX XY XY
XY XX XY XX XY XX XX
XX XY XX XY XX XY XY
XY XX XY XX XY XX XX
XX XY XX XY XX XY XY
XY XX XY XX

La Sud-Africaine **Caster Semenya** est double championne olympique du 800 m. Son hyperandrogénie fait polémique : les instances sportives internationales la considèrent, depuis 2019, comme « biologiquement un homme ». Le corps de Semenya produit un niveau de testostérone beaucoup plus élevé que celui de la plupart des autres femmes.

Son cas a conduit à un dilemme juridique : privilégier son droit de participer à des compétitions sportives conformément à son sexe légal et à son identité de genre ou protéger les autres athlètes féminines, dont le taux de testostérone se situe dans la moyenne, pour qu'elles puissent concourir dans des conditions équitables.

cinéma scoop

1936

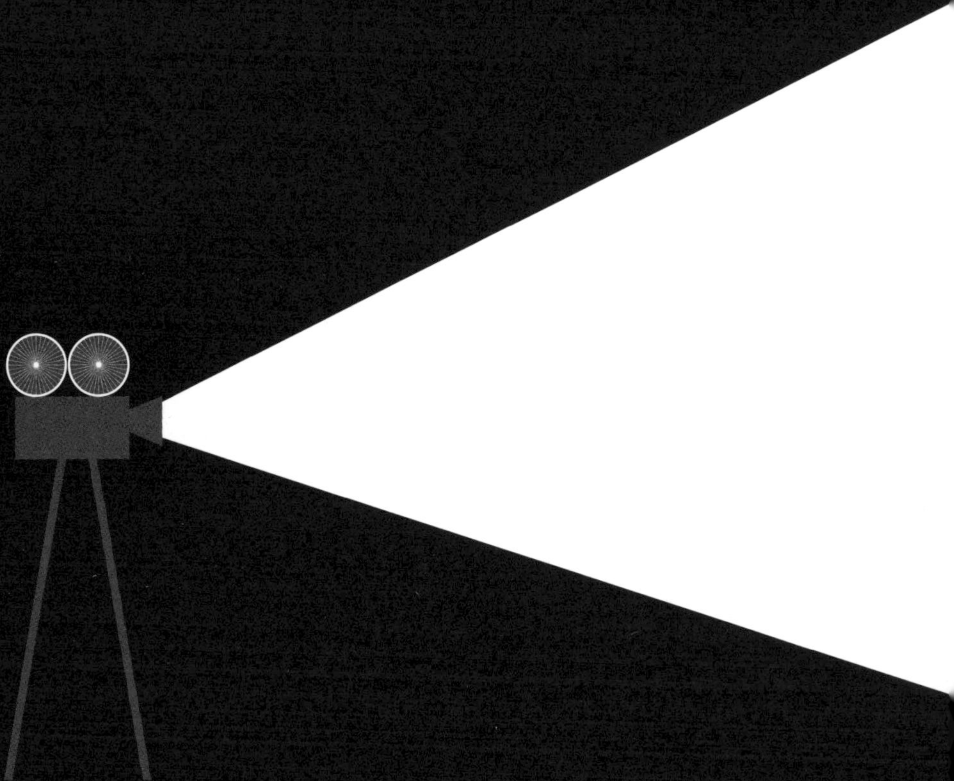

Après 100 km de course, le cycliste français **Guy Lapébie** est battu sur le fil par son compatriote et ami **Robert Charpentier** sur la course en ligne des Jeux de Berlin. Dans le sprint final, il sent une main le tirer par le maillot. Il est alors persuadé que ce mauvais geste est l'œuvre du Suisse **Ernst Nievergelt**, 3e de l'épreuve. Mais de retour à Paris, lors de la projection d'un reportage sur les Jeux, il en profite pour demander au projectionniste de lui repasser la scène concernée au ralenti. Et s'aperçoit que la main malicieuse était celle de… Charpentier.

l'œil du zeppelin

1936

Aux Jeux de Berlin, sur le plan d'eau de Kiel, les athlètes de la compétition de voile (8 m) ont dû attendre près de trente heures avant que le vainqueur ne soit annoncé : une série de collisions dans la dernière régate, où plusieurs bateaux étaient impliqués, a suscité de nombreuses protestations. Le problème a été tranché grâce aux images filmées depuis un dirigeable, par la réalisatrice allemande Leni Riefenstahl, au service de la propagande nazie. Finalement, le jury décrète que le bateau danois *Anitra* est responsable de la collision. La victoire est attribuée au bateau italien *Italia*.

heil !

1936

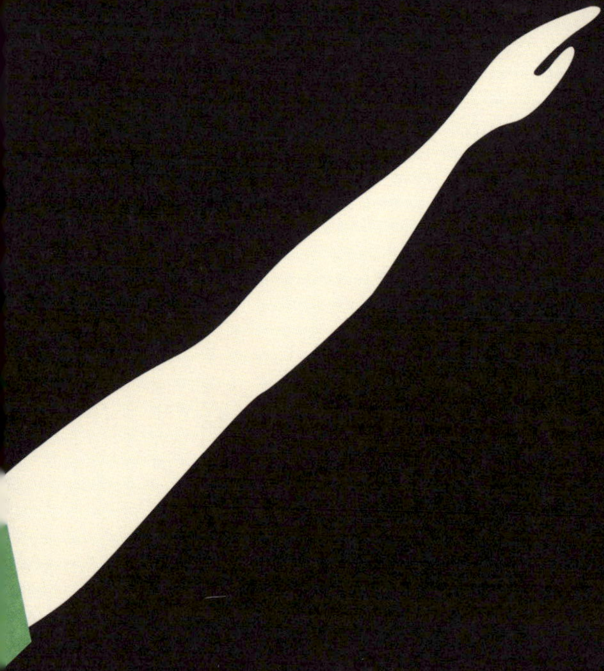

James Cleveland « Jesse » Owens revient en héros des Jeux de Berlin. Toutefois, malgré ses records olympiques et ses 4 médailles d'or gagnées sous les yeux des nazis, il doit emprunter un monte-charge de l'hôtel Waldorf-Astoria de New York pour se rendre à la réception officielle précédant un défilé en son honneur. Victime de la ségrégation raciale, il ne pouvait même pas monter à l'avant d'un bus et a dû vivre d'expédients jusque dans les années 1950. Quant à son ami allemand **Carl Ludwig « Luz » Long**, 2e à la longueur, il décédera au combat en 1943, comme 400 autres athlètes olympiques pendant la Seconde Guerre mondiale.

black power

1968

« Si je gagne, je suis un Américain, pas un Noir américain. Mais si je fais quelque chose de mal, ils diront que je suis un nègre. » À Mexico, les Afro-Américains **Tommie Smith** (médaille d'or et record du monde) et **John Carlos** (médaille de bronze) profitent de leur montée sur le podium du 200 m pour protester et afficher leur solidarité avec les Noirs opprimés. Leur geste provoque un tollé : ils sont expulsés et bannis à vie des JO, mais seront célébrés par les communautés noires. L'Australien **Peter Norman** (argent), qui portait un badge avec la mention « Projet olympique pour les droits de l'homme », sera privé des Jeux de Munich et subira des sanctions officieuses de la part de sa fédération.

médailles de l'amitié

1932 - 1936

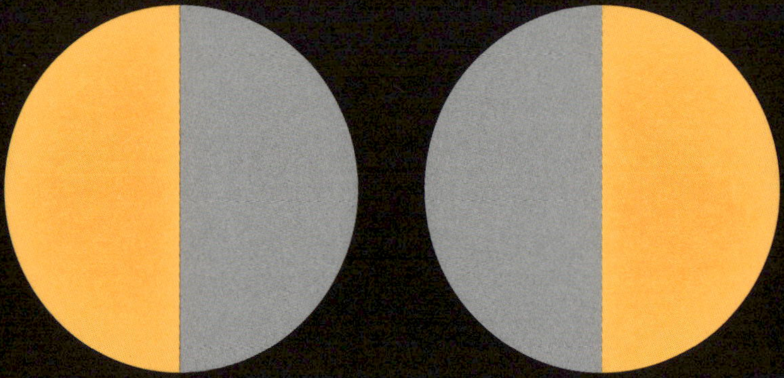

Lors du concours de saut à la perche à Berlin (1936), les Japonais **Shūhei Nishida** et **Sueo Ōe** arrivent ex aequo au nombre d'essais pour la médaille d'argent (4,25 m). Mais plutôt que de disputer les barrages, ils préfèrent partager les médailles.

Les dirigeants de l'équipe japonaise décident d'attribuer l'argent à Nishida, en tant qu'aîné, et le bronze à Ōe. De retour chez eux, les deux athlètes créent deux médailles mi-bronze, mi-argent, connues sous le nom de « médailles de l'amitié ».

ex aequo

2012 - 2016 - 2020

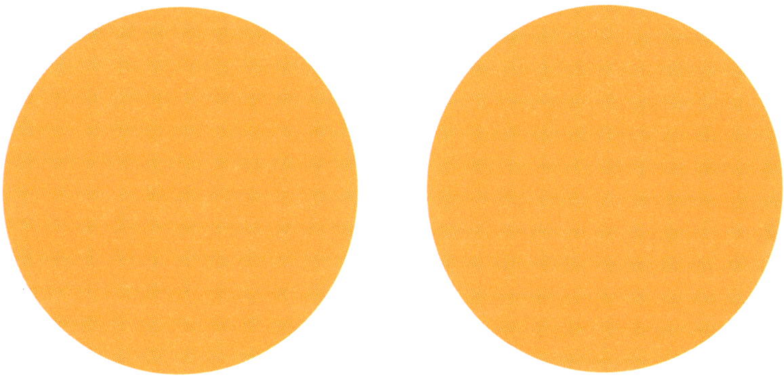

À Tokyo, en 2021, le Qatarien **Mutaz Essa Barshim** et l'Italien **Gianmarco Tamberi** réalisent des sauts parfaits jusqu'à la barre des 2,39 m, en saut en hauteur. Ils choisissent de ne pas continuer mais de partager la médaille d'or. Cette médaille est l'une des 120 médailles partagées (la médaille d'or l'a été 31 fois) dans l'histoire olympique, la majorité d'entre elles l'ayant été dans des sports où les vainqueurs sont déterminés par des juges (comme la gymnastique), ou lorsque deux athlètes réalisent des performances équivalentes.

honneur

1936 - 1948 - 1952 - 1956 - 1960

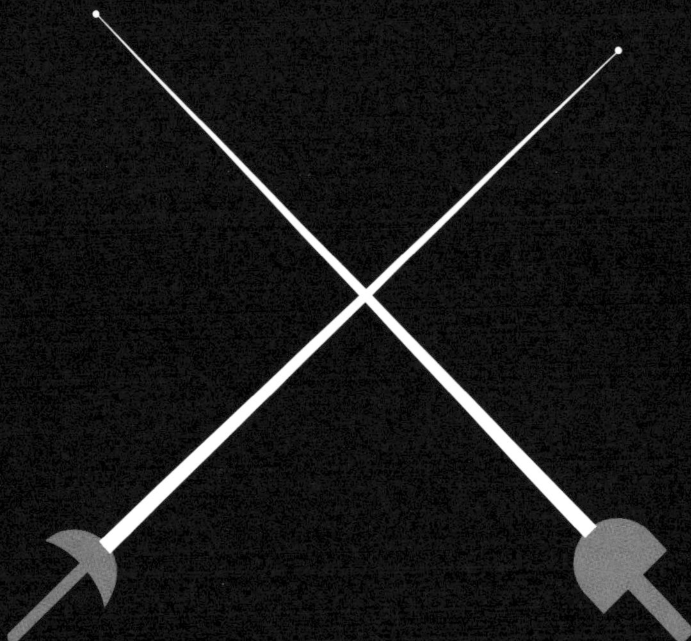

Edoardo et **Dario Mangiarotti** commencent à pratiquer l'escrime dès leur plus jeune âge grâce à leur père, Giuseppe, maître d'armes. Edoardo, naturellement droitier, s'est converti gaucher car son père pensait que c'était un avantage. À Berlin, en 1936, Edoardo n'a que 17 ans pour sa première participation olympique. Il y remportera l'or à l'épée par équipes. En cinq éditions, il décrochera 13 médailles (6 d'or, 5 d'argent, 2 de bronze) à l'épée et au fleuret, devenant ainsi l'escrimeur le plus médaillé de l'histoire. Son frère Dario a remporté 1 médaille d'or et 2 médailles d'argent à Londres et Helsinki.

déshonneur

1968 - 1972 - 1976

À Montréal, lorsqu'il se présente à la 2e épreuve du pentathlon moderne, l'escrime, **Boris Onischenko** est une star chevronnée. Le Soviétique a déjà brillé aux Jeux de Mexico en 1968 (argent) et à ceux de Munich en 1972 (argent individuel et or par équipes). Mais, en 1976, après deux touches suspectes contre le Britannique **Jim Fox**, on découvre un interrupteur placé sous la garde qui lui permet de contrôler son équipement électrique sans avoir à toucher son adversaire. Boris est immédiatement exclu des Jeux, banni à vie et renvoyé de l'Armée rouge. Sa tricherie lui vaut le surnom de « Disonischenko ».

saut à la perche

♂ **6,03 m** 2016 Record olympique
Thiago Braz da Silva (BRE)

♀ **5,05 m** 2008 Record olympique
Yelena Isinbayeva (RUS)

♀ **4,60 m** 2000 Première médaille d'or olympique femmes
Stacy Dragila (USA)

♂ **3,30 m** 1896 Première médaille d'or olympique hommes
William Hoyt (USA)

L'Américain **Bob Richards** (1952 et 1956) est le seul perchiste à avoir gagné 2 titres olympiques.

La Russe **Yelena Isinbayeva** (2004 et 2008) est la seule perchiste à avoir gagné 2 titres olympiques.

Le saut à la perche était pratiqué dans la Grèce antique. Il demande vitesse, puissance, force, agilité et des dispositions de gymnaste. Le saut moderne prend ses racines en Allemagne, lorsqu'un club de gymnastique le remet au goût du jour au XVIIIe siècle. La discipline se développe ensuite en Angleterre et aux États-Unis. Les perches de saut étaient initialement fabriquées en bois ou en bambou. Depuis les années 1950 et 1960, elles sont faites de matériaux beaucoup plus souples comme l'aluminium puis la fibre de carbone, qui permettent d'atteindre une plus grande hauteur.

bambou

1948

Lorsqu'il arrive aux Jeux de Londres, l'Américain **Owen Guinn Smith** souffre de douleurs chroniques au genou en partie dues à une blessure de guerre. Après deux tentatives infructueuses à 4,30 m, il décide de changer de matériel pour une perche en bambou que lui avait offert un perchiste japonais rencontré après la guerre. Le Japon et l'Allemagne étaient exclus des Jeux de 1948 en raison de leurs positions dans le conflit international, mais le cadeau japonais a fonctionné… Smith devient champion olympique et restera le dernier athlète à avoir utilisé une perche en bambou.

fibre de carbone

2020

Armand « Mondo » Duplantis est issu d'une famille d'athlètes. Son père, Greg, est un ancien perchiste américain et sa mère, Helena, est une ancienne heptathlète et joueuse de volley-ball suédoise. Très vite, il montre ses aptitudes pour la perche : à 4 ans, Duplantis saute par-dessus les meubles de la maison familiale de Lafayette, en Louisiane. À 10 ans, il établit son premier record du monde dans sa catégorie d'âge avec un impressionnant 3,86 m. Dès lors, il ne cessera d'étonner en battant des records, remportant la médaille d'or à Tokyo avec 6,02 m.

humiliée

1948

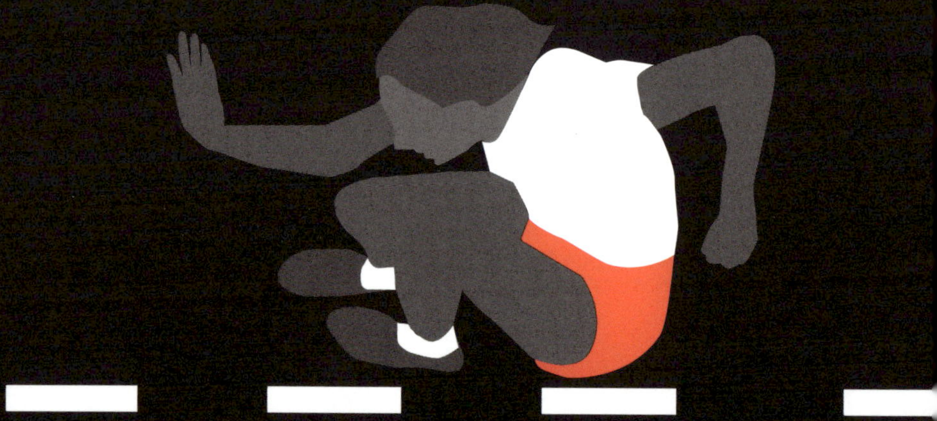

L'Américaine **Alice Coachman** devient la première femme noire à remporter une médaille d'or olympique, tous sports confondus, grâce à son saut à 1,68 m à la hauteur. Record olympique dès le premier essai. Née en Géorgie, État ségrégationniste, Coachman s'est entraînée seule pieds nus dans les champs jusqu'à l'âge de 16 ans.

Après son triomphe anglais, elle est fêtée par une immense parade à Albany (Géorgie). Toutefois, lors de la cérémonie, les Noirs et les Blancs sont assis séparément, le maire de la ville refuse de lui serrer la main, et elle doit quitter la salle par une issue de secours. En 1952, elle devient la première femme noire à signer un contrat publicitaire avec Coca-Cola.

célébrée

1984

Lorsqu'elle arrive à Los Angeles, **Nawal El Moutawakel** est la seule femme dans la délégation marocaine. Elle s'aligne sur le 400 m haies, qui fait ses débuts olympiques pour la catégorie féminine. Méconnue, ne mesurant que 1,59 m quand il faut enjamber des haies de 76 cm, elle est loin de partir favorite. Et pourtant, elle compte 20 m d'avance sur ses rivales dans le dernier virage. Nawal El Moutawakel devient la première Arabe, première musulmane et première Africaine sacrée championne olympique. À son retour à Casablanca, sa ville natale, la foule envahit les rues pour fêter l'événement. Le roi Hassan l'appelle immédiatement pour la féliciter et annonce que toutes les filles nées en ce jour devront se prénommer Nawal. En 1998, El Moutawakel est choisie comme membre du CIO.

piano-forte

1948

La Française **Micheline Ostermeyer** est une pianiste de concert émérite. Trois semaines avant de se présenter à Londres, elle n'a jamais lancé un disque de sa vie. Mais le piano lui a appris le sens du geste et le rythme. Elle gagne le concours au sixième essai. Elle fête sa victoire en jouant du Beethoven lors d'un concert improvisé, sans avoir eu le temps de se changer. Ce qui, à l'époque, défraya la chronique. Quelques jours plus tard, elle remporte l'or du lancer de poids, pour la première fois inscrit aux Jeux dans la catégorie féminine, puis elle empoche le bronze du saut en hauteur.

crescendo

1956 - 1960 - 1964 - 1968

Selon la légende, **Alfred « Al » Oerter Jr.** serait devenu discobole totalement par hasard, à l'âge de 15 ans. Il se serait aperçu de ses facultés en renvoyant un engin lancé par un groupe d'athlètes, qui avait atterri à ses pieds. Al, d'instinct, le lance en retour mais, à la surprise générale, son lancer soudain dépasse largement le point d'où il a été initialement projeté.

Bien que ce grand gaillard américain de 1,92 m pour 125 kg ne soit pas favori, il décroche la médaille d'or à Helsinki et parvient à défendre son titre lors des trois éditions suivantes, devenant ainsi le premier athlète de l'histoire à avoir remporté la même épreuve olympique quatre fois de suite avec 1 record olympique à chaque fois.

balles et ballons olympiques

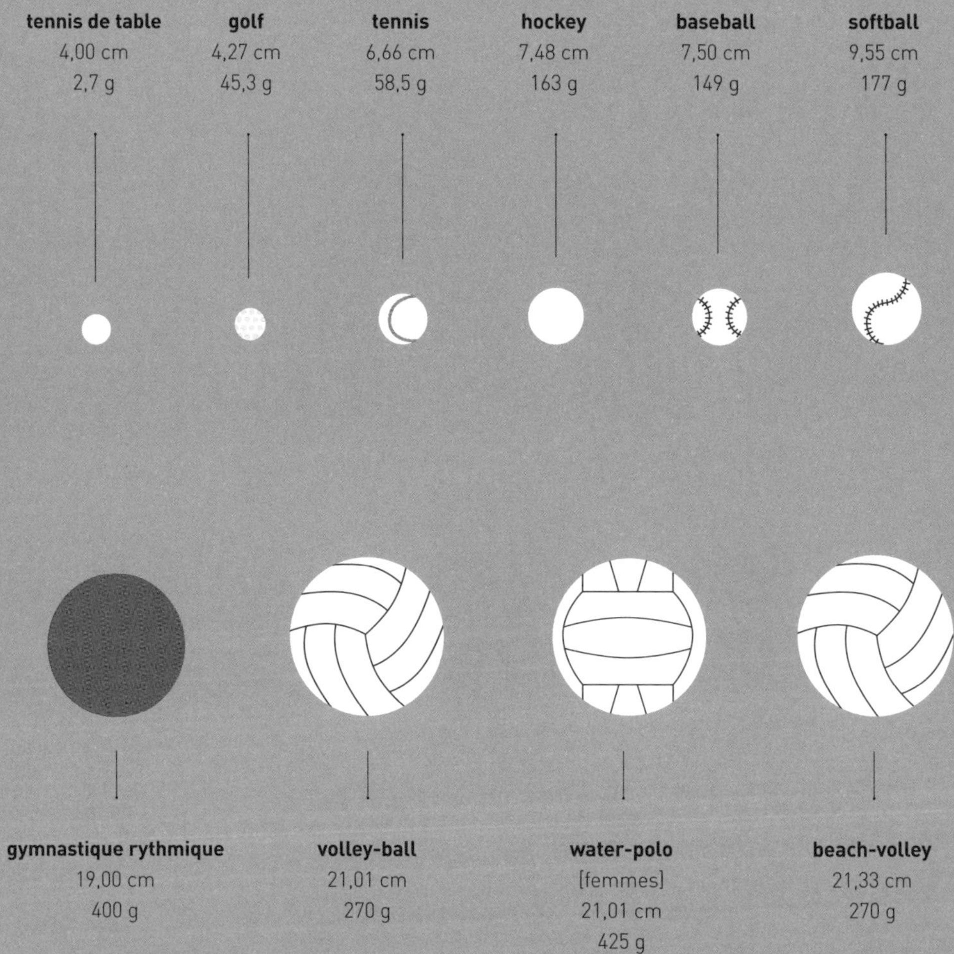

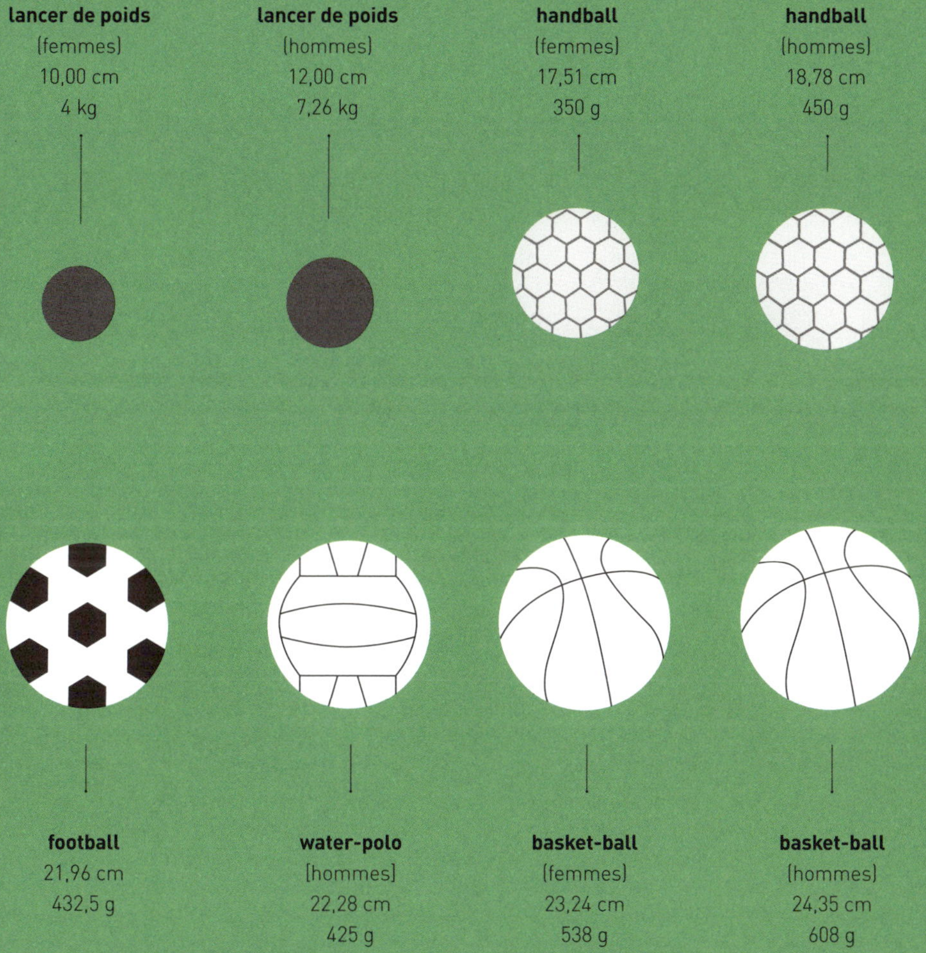
lancer de poids
(femmes)
10,00 cm
4 kg
lancer de poids
(hommes)
12,00 cm
7,26 kg
handball
(femmes)
17,51 cm
350 g
handball
(hommes)
18,78 cm
450 g
football
21,96 cm
432,5 g
water-polo
(hommes)
22,28 cm
425 g
basket-ball
(femmes)
23,24 cm
538 g
basket-ball
(hommes)
24,35 cm
608 g

main gauche

1948 - 1952 - 1956

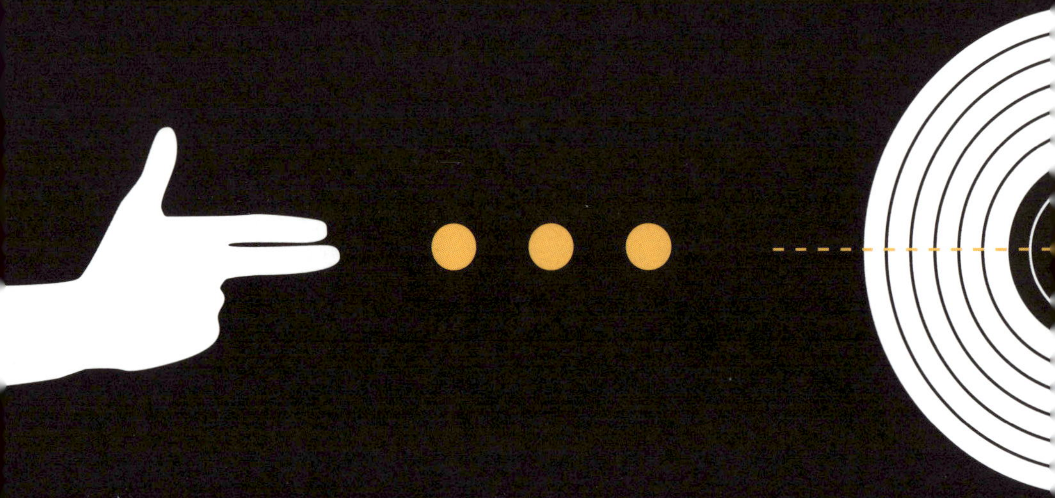

Károly Takács est le premier athlète handicapé à monter sur le podium du tir aux JO. Membre de l'armée, Takács espérait représenter la Hongrie à Berlin en 1936, mais seuls les plus hauts gradés furent autorisés à concourir. En 1938, il perd sa main droite à la suite de l'explosion d'une grenade défectueuse et, alors qu'il est encore en convalescence, il commence à s'entraîner avec sa main gauche. Takács réalisera finalement son rêve à Londres en 1948, avec 1 médaille d'or au pistolet et 1 record du monde. Il conservera son titre à Helsinki, mais échouera à Melbourne.

assis

1984

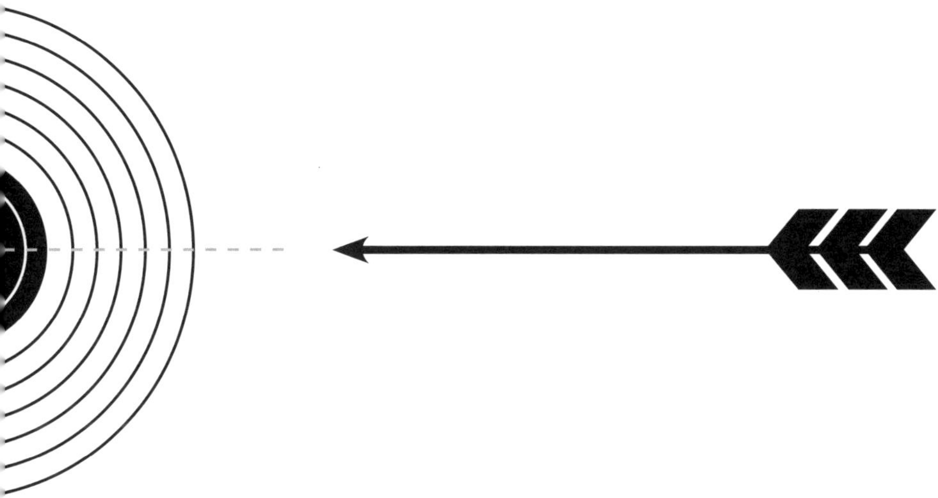

Neroli Fairhall est une athlète accomplie lorsqu'elle est victime d'un accident de moto. Elle n'est secourue que vingt et une heures plus tard. Paraplégique, elle se met au tir à l'arc. En 1984, elle représente la Nouvelle-Zélande aux JO de Los Angeles. Son fauteuil roulant lui fait vivre un cauchemar en déclenchant systématiquement les détecteurs de métaux. Quoi qu'il en soit, elle termine à la 35e place de la compétition. Lorsqu'on lui demande si elle est avantagée par le fait de tirer en position assise, elle répond : « Je ne sais pas. Je n'ai jamais tiré debout. » Elle participera également à trois éditions des Jeux paralympiques.

hymne improvisé

1948 - 1952 - 1956

Aux Jeux de Londres, le Luxembourgeois **Josy Barthel** termine à une modeste 9e place en finale du 1 500 m. Mais, à Helsinki, en 1952, il décroche l'or sur cette même distance, assorti du nouveau record olympique (3 min 45 s 02).

Sa victoire était si inattendue que les officiels n'avaient pas pris la peine de prévoir une partition pour jouer l'hymne national luxembourgeois. L'orchestre dut improviser. Barthel n'a pas réussi à conserver sa médaille à Melbourne quatre ans plus tard.

hymne inconnu

1980

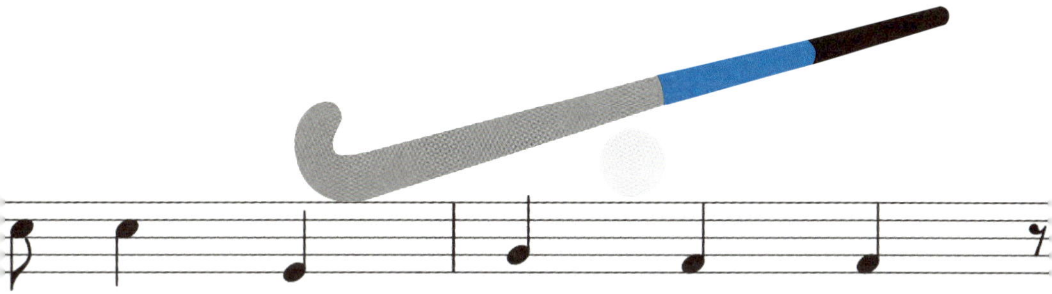

En raison du boycott des Jeux de Moscou, le tournoi de hockey sur gazon féminin ne compte qu'une poignée de participantes. Pour faire le nombre, une demande de dernière minute est envoyée au Zimbabwe, qui constitue une équipe en urgence à moins d'une semaine des Jeux. À la surprise générale, la formation, emmenée par la capitaine **Ann Mary Gwynne Grant**, remporte le tournoi. Sur le podium, au lieu de l'hymne national, qui n'existait pas encore, c'est un chant traditionnel zoulou qui retentit dans le stade.

la locomotive tchèque

1948 - 1952 - 1956

Emil Zátopek est l'un des plus grands coureurs de fond de tous les temps, invaincu sur 10000 m de 1948 à 1954. Surnommé « la Locomotive tchèque » en raison d'un style de course singulier et d'une respiration sifflante, il remporte la finale du 10000 m aux Jeux de Londres en 1948 devant le Français **Alain Mimoun**. Trois jours plus tard, il se classe 2e derrière le Belge **Gaston Reiff** sur le 5000 m. À Helsinki, Zátopek fait encore mieux : après avoir dominé le 10000 m et le 5000 m, il s'engage dans le marathon, qu'il n'a jamais couru auparavant, et… gagne avec le record olympique (2 h 23 min 3 s).

couple en or

1948 - 1952 - 1956 - 1960

La lanceuse de javelot **Dana Zátopková** partage la même date de naissance que son mari, **Emil Zátopek**. À Helsinki en 1952, ils remportent l'or tous les deux à une heure d'intervalle (lui sur 5000 m et elle au javelot). **Zátopkova** ne verra d'ailleurs jamais la course légendaire de son mari, car à ce moment-là elle était occupée à se préparer dans le vestiaire pour le concours du javelot. En 1960, à Rome, elle gagne 1 médaille d'argent. À sa retraite sportive, elle devient entraîneuse et membre du comité féminin de l'IAAF. Elle restera aux côtés de son époux jusqu'à la mort de celui-ci, en 2000.

tandem de choc

1952

Combien de personnes peuvent se vanter d'avoir remporté une médaille d'or olympique du premier coup ? C'est pourtant l'histoire de **Lionel Cox** et **Russell Mockridge**. Si les deux Australiens sont loin d'être des novices du cyclisme, ils ne sont jamais montés sur un tandem et ont des styles si différents que leur duo semble improbable. Mais Mockridge a récupéré à Londres un tandem abandonné par l'équipe britannique et s'est mis en tête de participer au 2000 m avec Cox à Helsinki. Après une semaine d'entraînement, ils décrochent l'or.

duo de choc

2008 - 2012 - 2016 - 2020

C'est ce qu'on appelle un couple en or. Les pistards britanniques **Jason** et **Laura Kenny** comptent à eux deux 15 médailles olympiques : 7 en or et 2 en argent pour Jason, 5 en or et 1 en argent pour Laura. Après leur moisson aux Jeux de Rio en 2016, Jason a voulu raccrocher, mais pas Laura, prête pour un nouveau défi à Tokyo. Alors Jason s'est laissé tenter. Aux Jeux de Tokyo, Laura glane 2 médailles de plus (or et argent), même chose pour Kenny.
Ils deviennent ainsi le et la cycliste les plus titrés de l'histoire olympique.

jeu de vilains

1956

Au water-polo, le fair-play s'affiche en surface, mais sous l'eau le combat physique fait rage. Et ça a été particulièrement le cas à Melbourne lors de la demi-finale qui opposait la Hongrie à l'URSS. Un mois auparavant, les Soviétiques avaient maté l'insurrection de Budapest. Le match, surnommé aujourd'hui « le Bain de sang », vire au pugilat. Les Hongrois, qui avaient déjà remporté l'or en 1932, 1936 et 1952, gagnent 4-0. Le jeune **Ervin Zádor** sort de l'eau ensanglanté et ne pourra jouer la finale. À la fin des Jeux olympiques, à seulement 22 ans, sans parler un mot d'anglais, il choisit de s'exiler aux États-Unis. Il s'installe en Californie et devient professeur de natation. Parmi ses élèves, le grand **Mark Spitz**.

jeu de mains

2008 - 2012 - 2016 - 2020

Les règles du handball ayant été codifiées en Allemagne. Adolf Hitler a tenu à ce que ce sport fasse son apparition officielle aux Jeux de Berlin, en 1936. L'Allemagne nazie triomphe dans le tournoi, mais le handball disparaît du programme olympique jusqu'en 1972. À l'exception de 1 médaille d'argent remportée par la Corée du Sud chez elle en 1988, les nations européennes ont monopolisé toutes les récompenses. La France a dominé le jeu de 2008 à 2020, ne perdant qu'une finale contre le Danemark en 2016. **Michaël Guigou**, **Nikola Karabatic** et **Luc Abalo** ont chacun récolté 4 médailles (3 en or et 1 en argent), tout comme le Russe **Andreï Lavrov** (3 en or, 1 bronze) et la Sud-Coréenne **Oh Seong-ok** (1 en or, 2 en argent et 1 en bronze).

prince
1960

Le prince héritier de Grèce était un athlète accompli. Aux Jeux olympiques de Rome, il décroche 1 médaille d'or en voile (classe Dragon). Il deviendra roi quatre ans plus tard, sous le nom de **Constantin II de Grèce**, de 1964 à 1973. Plus tard, l'ex-souverain intégrera le Comité international olympique. Quant à sa sœur aînée, la princesse Sofia, future reine d'Espagne, elle fut réserviste dans l'équipe grecque.

princesse
2000

À Sydney, la princesse **Haya bint al-Hussein**, fille du roi Hussein de Jordanie et de sa troisième épouse, la reine Alia, participe à l'épreuve de saut d'obstacles en montant la jument de son défunt père, Lucilla II. Elle a également été porte-drapeau de la Jordanie.

Elle est devenue, jusqu'en 2014, présidente de la Fédération équestre internationale – première femme arabe à occuper une fonction dans cette instance – et membre du Comité des relations internationales du CIO.

Mohamed Ali : « Le succès ne s'obtient pas en gagnant tout le temps. Le vrai succès vient lorsque nous nous relevons après être tombés. » **2015**

The Greatest

Aux Jeux de Rome, en 1960, **Cassius Clay**, un jeune boxeur de 18 ans, remporte tous ses combats. Après sa médaille d'or olympique des mi-lourds, il devient professionnel et décroche 3 titres de champion du monde des lourds (1964, 1974, 1978). En 1965, il se convertit à l'islam et change son nom en **Mohamed Ali**. Ali, « the Greatest », prend sa retraite en 1981 sur 56 victoires contre 5 défaites. Plus que tout autre sportif, il a transcendé le sport pour devenir un modèle pour la société. En 1967, il refuse de partir pour la guerre du Vietnam, ce qui lui vaut trois ans d'interdiction de ring. Même après avoir appris qu'il était atteint de la maladie de Parkinson, il a continué à parcourir le monde pour diffuser un message de fraternité et de paix, véritable esprit des Jeux olympiques. Ali a allumé la vasque lors de l'édition de 1996, à Atlanta.

dopage amateur

1960

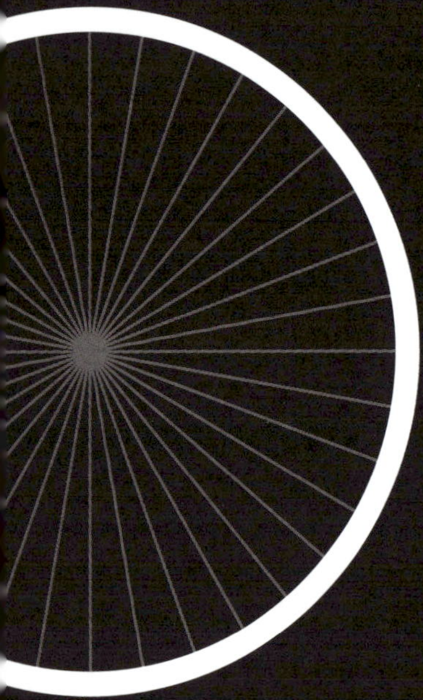

Aux Jeux de Rome, le cycliste danois **Knud Enemark Jensen** roule sous une chaleur écrasante lors des 100 km contre la montre par équipes. À quelques kilomètres de l'arrivée, il s'effondre et se cogne la tête. Il est rapidement transporté à l'hôpital, mais il tombe dans le coma et ne se réveillera pas. Si la cause officielle du décès est une insolation, les rapports médicaux indiquent la présence de plusieurs drogues dans son organisme. La mort terrible de ce cycliste de 23 ans conduit le CIO à introduire les premiers tests antidopage lors des Jeux de 1968.

dopage professionnel

1992 - 1996 - 2000

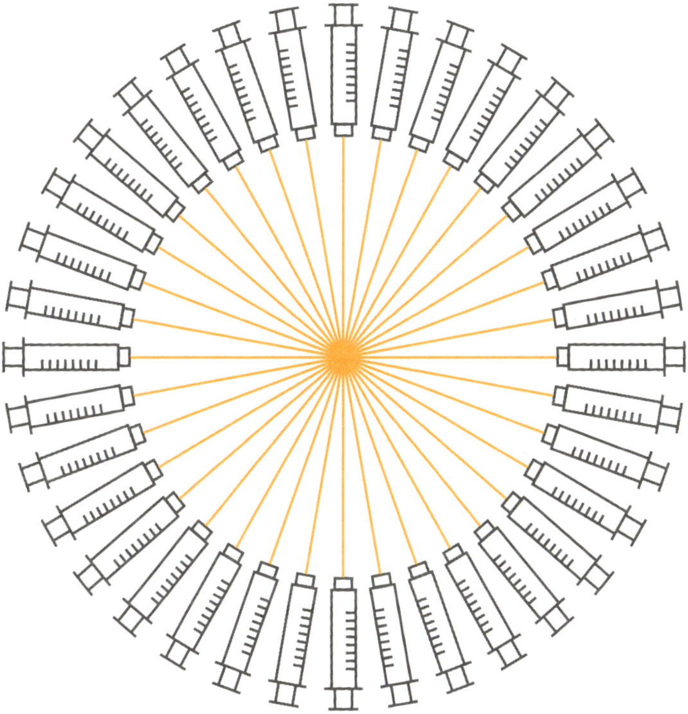

L'Américain **Lance Armstrong**, considéré comme l'un des favoris de la course sur route des Jeux de Barcelone, ne termine que 14e. Après les Jeux de 1996, on lui diagnostique un cancer du testicule à un stade avancé : sa survie est incertaine. Mais il reprend la compétition et devient de plus en plus fort. Aux Jeux de Sydney, il remporte 1 médaille de bronze, mais treize ans plus tard, après avoir admis qu'il s'était systématiquement dopé tout au long de sa carrière, il est déchu de ses 7 titres du Tour de France, ainsi que de la médaille de bronze de Sydney.

ventral

1960 - 1964

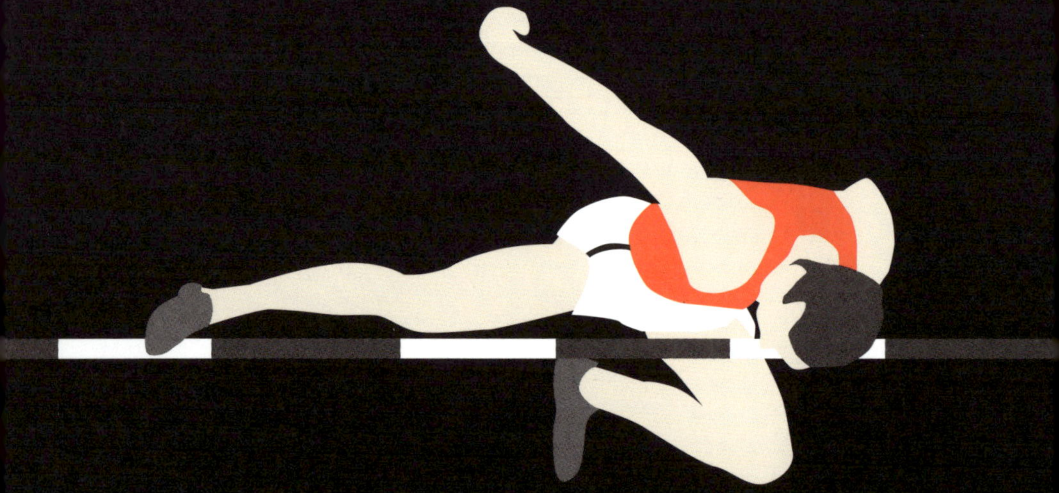

Né dans un village de Sibérie, **Valeriy Nikolayevich Brumel** a remporté 1 médaille d'argent aux Jeux de Rome. Il établit 6 records du monde du saut en hauteur entre 1961 et 1963, passant de 2,23 m à 2,28 m. Brumel a couronné sa carrière par 1 titre olympique en 1964, à Tokyo. Après avoir mis fin à sa carrière sportive en raison d'un accident de motocyclette, il se tourne vers la comédie et l'écriture. Il a joué dans des films soviétiques tels que *Sport, Sport, Sport*.

dorsal

1968

Jusqu'ici, la barre du saut en hauteur se franchissait de manière ventrale. Lorsqu'il arrive aux Jeux de Mexico, l'Américain **Richard Douglas « Dick » Fosbury** révèle au monde son fameux *Fosbury flop*, qui va révolutionner le saut en hauteur. Alors que les spécialistes se montrent dubitatifs et sceptiques, le public de Mexico passe de la moquerie à l'enthousiasme pour ce saut dorsal. Fosbury remporte la médaille d'or en établissant le nouveau record américain et olympique à 2,24 m. Sa technique a depuis été adoptée par tous.

champion aux pieds nus

1960 - 1964

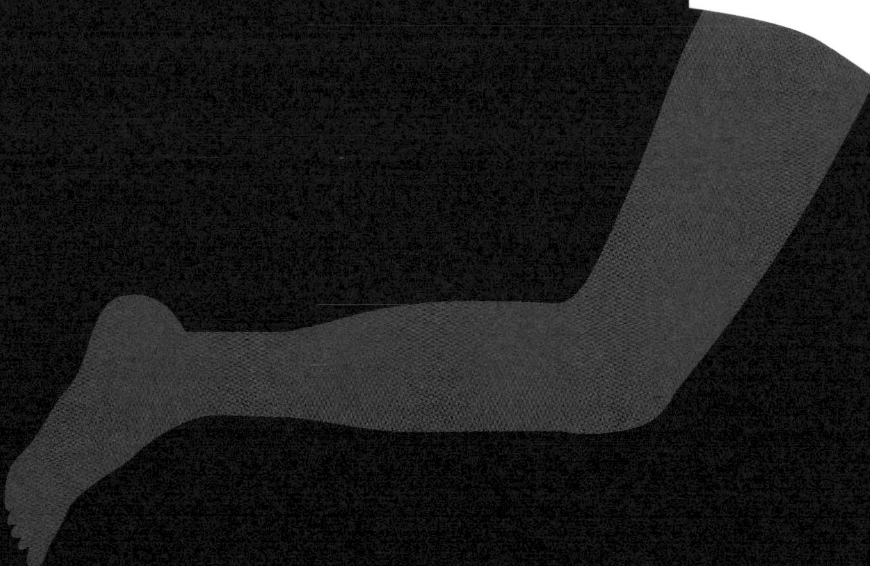

Abebe Bikila est né en Éthiopie le jour du marathon olympique de Los Angeles en 1932. Vingt-huit ans plus tard, il participe au marathon de Rome. Bikila court pieds nus car les chaussures fournies par le sponsor étaient inconfortables. Il gagne la course et devient le premier champion olympique noir africain de l'histoire. Bikila revient aux Jeux de 1964, à Tokyo, trente-cinq jours après une appendicectomie. Cette fois il court avec des chaussures et des chaussettes, et triomphe avec plus de 4 minutes d'avance.

Zola aux pieds nus

1984 - 1992

Zola Budd, petite coureuse de fond à la course agile et légère, devient célèbre à l'âge de 17 ans en battant le record du monde du 5 000 m. Un an plus tard, aux Jeux de Los Angeles (1984), l'adolescente sud-africaine aux pieds nus représente la Grande-Bretagne. Elle est engagée sur 3 000 m, où figure la grande favorite, l'Américaine **Mary Decker**. Pendant l'épreuve, les deux jeunes femmes se heurtent. Decker reste au sol, Budd continue sous les huées du public. Elle sera un temps accusée d'avoir provoqué la chute de Decker puis blanchie par la Fédération d'athlétisme. Elle ne reviendra aux Jeux qu'à Barcelone, mais n'obtiendra pas de médaille.

en silence

1960 - 1964 - 1968 - 1972 - 1976

La Hongroise **Ildikó Rejtó** est née sourde. Elle a commencé à pratiquer l'escrime à l'âge de 14 ans en lisant les instructions sur des feuilles de papier. Malgré son handicap, elle a participé à cinq éditions olympiques, et a remporté au fleuret 2 médailles d'or (en 1964, à Tokyo), 3 d'argent et 2 de bronze. Rejtó détient également un record assez inhabituel : celui d'avoir décroché des médailles sous trois noms de famille. Le premier en tant que jeune fille, le deuxième (Újlaky) issu de son premier mariage et le troisième (Sági) issu de son second mariage.

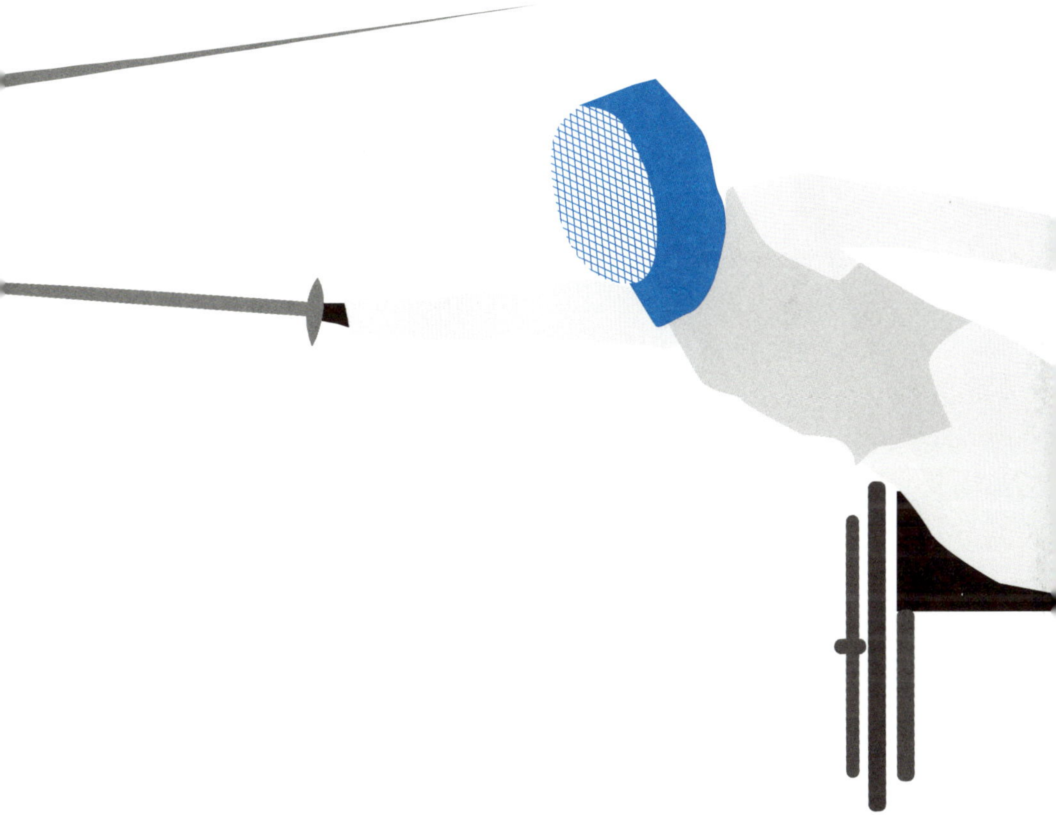

Beatrice Maria « Bebe » Vio a 11 ans lorsqu'elle contracte une méningite. Après un séjour de plus de trois mois à l'hôpital, les médecins lui sauvent la vie mais l'ont amputée de ses deux jambes et de ses deux avant-bras. Seule escrimeuse de haut niveau au monde amputée des quatre membres, elle rafle l'or au fleuret des Jeux paralympiques de Rio. Puis elle défend son titre avec succès à Tokyo. Bebe est une star en Italie, très investie pour promouvoir le handisport et faire bouger les politiques sur le handicap : « Être spécial signifie être capable de faire comprendre aux gens que votre faiblesse peut être l'une des choses dont vous pouvez être le plus fier. »

beau geste

1964

Le Néerlandais **Anton Geesink** entre dans l'histoire en devenant le premier non-Japonais champion du monde de judo, en 1961. Trois ans plus tard, le judo fait ses débuts olympiques à Tokyo (uniquement pour les hommes). En finale toutes catégories, le gentil géant néerlandais (1,98 m) bat l'icône de tout un peuple, le Japonais **Akio Kaminaga**.

Les coéquipiers de Geesink veulent se précipiter sur le tatami pour le féliciter, mais Geesink, toujours en train de lutter pour immobiliser son adversaire, les stoppe d'un geste du bras. Respectueux, il prend le temps de réajuster son kimono et s'incline devant Kaminaga.

belle paire

2020

En 2013, quand Tokyo décroche l'organisation des Jeux de 2020, toute la famille **Abe** espère que les enfants, **Hifumi** et **Uta**, seront sélectionnés pour les épreuves de judo. Vœu amplement réalisé puisqu'ils deviennent la première fratrie de l'histoire olympique à remporter une médaille d'or le même jour. Uta Abe, la sœur cadette, gagne la première en finale des moins de 52 kg contre la Française **Amandine Buchard**. Quelques minutes plus tard, son aîné Hifumi fait de même en moins de 66 kg contre le Géorgien **Vazha Margvelashvili** : « En tant que grand frère, je ne pouvais pas me permettre de perdre… »

épousée

1964

La dernière nuit des Jeux de Tokyo a été celle de la première finale de volley-ball féminin de l'histoire, opposant les Japonaises aux Soviétiques. Les joueuses nipponnes s'étaient entraînées huit heures par jour et aussi le soir tant la pression était forte. Pour que les Japonaises battent les Soviétiques, bien plus grandes qu'elles – la capitaine **Masae Kasai** (1,75 m) était la plus grande des Japonaises –, elles ont dû déployer un immense effort collectif. Après la victoire, lors de sa rencontre avec le Premier ministre Eisaku Satō, Kasai se plaint que ses années d'entraînement intensif ont fait d'elle une célibataire. Sato n'a pas perdu de temps et l'a présentée à un jeune officier, qu'elle a épousé l'année suivante.

prédestiné

1984 - 1988 - 1996

L'Américain **Charles « Karch » Kiraly**, fils d'un joueur de volley-ball hongrois, est considéré comme l'une des légendes de ce sport. D'ailleurs « kiraly » signifie « roi » en hongrois. Après une brillante carrière en salle, qui aboutit à 2 médailles d'or olympique, à Los Angeles contre le Brésil puis à Séoul contre l'URSS, Kiraly décide de disputer le tournoi de beach-volley, désormais inscrit au programme, aux Jeux d'Atlanta. Même réussite : il obtient l'or, associé à **Kent Steffes**. Kiraly reste le seul joueur de volley de l'histoire olympique à avoir remporté 3 médailles d'or dans les deux versions de son sport. En tant qu'entraîneur, Kiraly a conduit les États-Unis à leur première médaille d'or olympique en volley-ball féminin en salle, à Tokyo.

Avery Brundage, président du CIO :

« Les Jeux doivent continuer. » 1972

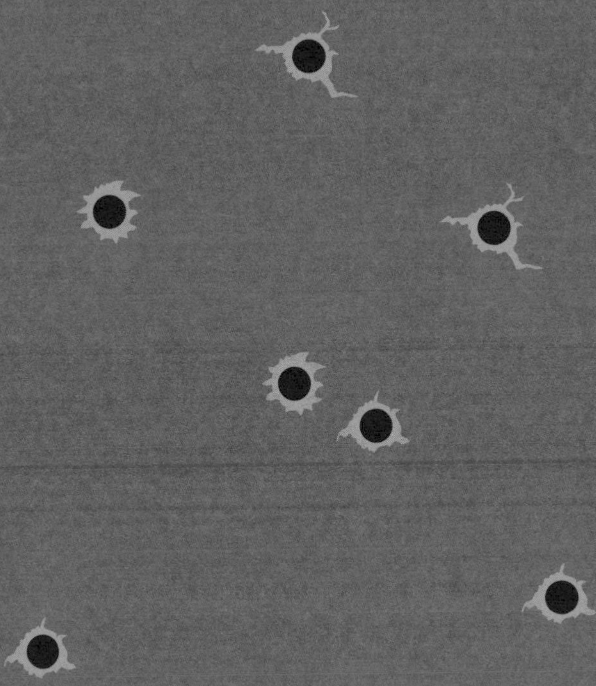

Munich 1972

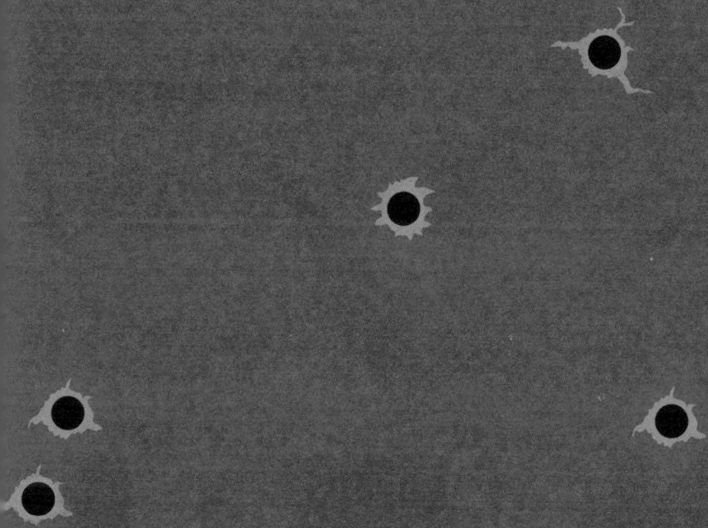

Yossef « Yossi » Romano est 9 fois champion d'haltérophilie en Israël. Lors des Jeux olympiques de Munich, il souffre du genou en raison d'une rupture du tendon contractée pendant la compétition. Il doit rentrer chez lui pour subir une opération, qu'il ne verra jamais. Le matin du 5 septembre, un groupe de terroristes baptisé « Septembre noir » s'introduit dans les quartiers de la délégation israélienne du village olympique. La prise d'otages débute. Dans l'un des appartements où ils sont retenus, Romano tente d'attaquer un terroriste, mais il est abattu. Son cadavre ensanglanté est laissé au pied de ses coéquipiers toute la journée en guise d'avertissement. Onze otages israéliens ont trouvé la mort lors de cet acte terroriste, mais malgré cette tragédie, les Jeux n'ont été interrompus que durant trente-quatre heures.

haies de l'exil

1972 - 1980

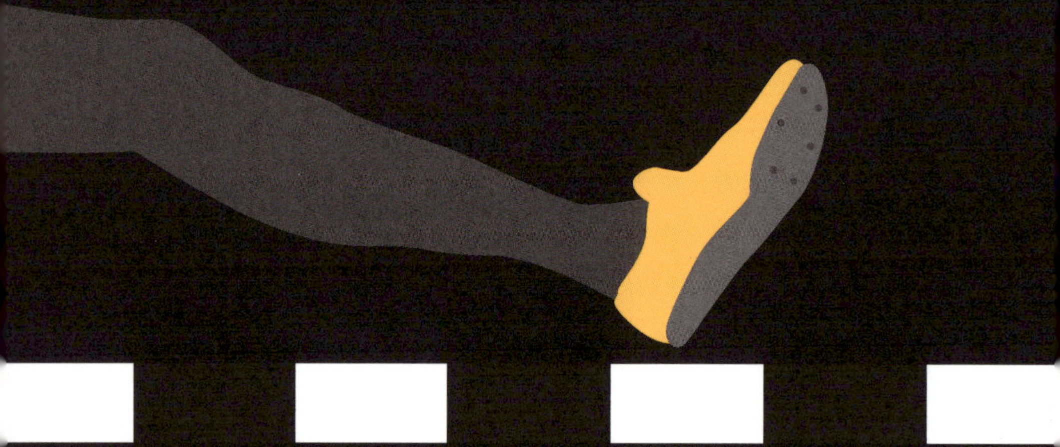

L'histoire de **John Akii-Bua** est à la fois glorieuse et tragique. L'athlète ougandais est né dans une famille pauvre de quarante-trois enfants (son père avait huit femmes). Aux Jeux olympiques de Munich, il s'aligne sur le 400 m haies, remporte la course, devient le premier Ougandais champion olympique et établit le nouveau record du monde (47 s 82). Mais en Ouganda, son ethnie, les Lango, est persécutée par le dictateur au pouvoir, Idi Amin Dada. Même si sa popularité le protège, il doit s'exiler au Kenya puis en Allemagne. Il participera aux Jeux de Moscou, mais sera éliminé en demi-finales.

haies d'honneur

1976 - 1984 - 1988

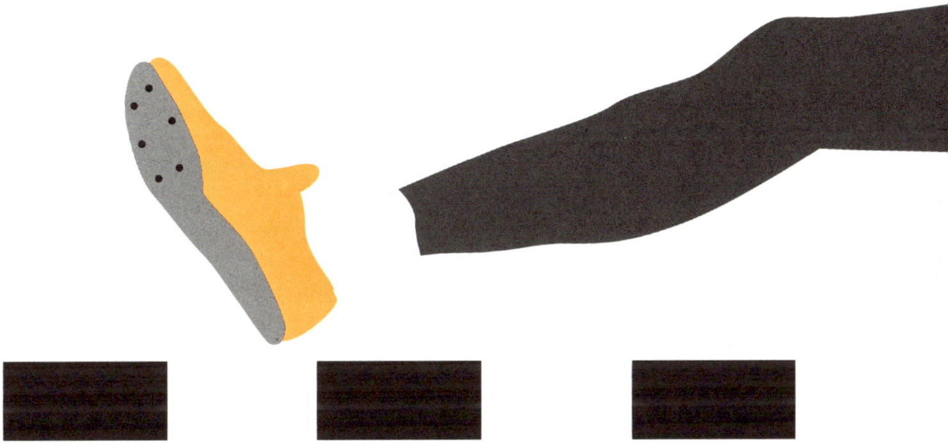

L'Américain **Edwin Corley Moses** a dominé le 400 m haies comme aucun athlète auparavant, en adoptant une approche scientifique pour analyser ses performances et développer ses méthodes d'entraînement. À Montréal, il remporte son premier titre olympique, mais le boycott de 1980 le prive d'une deuxième médaille presque certaine à Moscou. Aux Jeux de Los Angeles, il récite le serment olympique lors de la cérémonie d'ouverture. Et conserve son titre olympique. Quatre ans plus tard, à Séoul, ce sera le bronze. Il est resté invaincu au 400 m haies sur 122 courses d'affilée entre 1977 et 1987.

pour l'amour du peuple

1972 - 1976 -1980

Le boxeur cubain **Teófilo Stevenson** fait ses débuts olympiques aux Jeux de Munich de la meilleure des manières : 1 médaille d'or chez les lourds. Il double la mise aux Jeux de Montréal. Idole nationale dans un pays communiste où le sport professionnel est interdit, il choisit de rester amateur malgré des propositions financières juteuses. Des sponsors américains iront même jusqu'à lui offrir 5 millions de dollars pour combattre **Mohamed Ali** : « Que valent 5 millions de dollars quand j'ai l'amour de 5 millions de Cubains ? » Nouvelle consécration à Moscou en 1980, ce qui le place comme l'un des meilleurs boxeurs amateurs de tous les temps, aux côtés du Hongrois **László Papp** et du Cubain **Félix Savón**.

pour l'amour de Dieu

1996

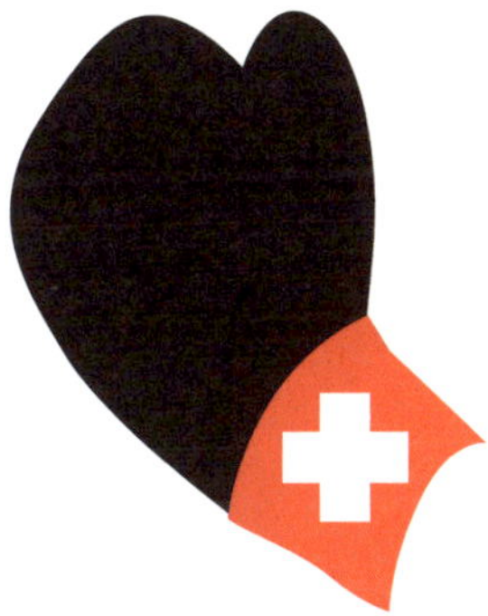

Le Tongien **Paea Wolfgramm** s'adonnait aux joies du rugby avant que le légendaire **Tony Fulilangi**, ancien adversaire de **George Foreman**, ne l'initie à celles du ring. Avant de débuter la boxe tardivement, à 21 ans, Paea demande la permission à ses parents, car il n'est pas sûr que la discipline soit conforme aux préceptes mormons. Après seulement 24 combats, il se qualifie pour les Jeux d'Atlanta et crée la surprise en battant le Cubain **Alexis Rubalcaba**, en demi-finales des super-lourds. Avant la finale, le roi Taufa'ahau Tupou IV des Tonga ordonne une journée nationale de prière pour l'aider à gagner. Mais Wolfgramm ne réussit pas à vaincre l'Ukrainien **Wladimir Klitchko**. Il devient néanmoins le premier médaillé olympique du petit archipel polynésien.

la flèche du Sud

1972 - 1976 - 1980 - 1984 - 1988

Le sprinteur italien **Pietro Mennea** termine à la 3e place du 200 m des Jeux de Munich. Huit ans plus tard, à Moscou, il remporte la médaille d'or avec seulement 2 centièmes d'avance, devenant ainsi le deuxième Italien à décrocher le titre sur 200 m après **Livio Berruti** en 1960. C'était juste un an après avoir établi un incroyable record du monde sur la piste d'altitude de Mexico (19 s 72). Le record de Mennea a tenu pendant près de dix-sept ans avant que **Michael Johnson** ne le batte en 1996 (19 s 56).

l'Éclair

2004 - 2008 - 2012 - 2016

À Athènes, le Jamaïcain **Usain Bolt** participe au 200 m, mais ne dépasse pas le stade des séries. À Pékin, il triomphe sur le 100 m masculin et réalise un triplé légendaire avec le titre sur 200 m et le relais 4 × 100 m, devenant une superstar. Toutefois, en 2017, le relais jamaïcain sera disqualifié après que **Nesta Carter** aura été convaincu de dopage. Bolt reste le plus grand sprinteur de tous les temps, avec deux autres triplés en or à Londres puis Rio et 7 records du monde battus tout au long de sa carrière (3 sur 100 m, 2 sur 200 m, 2 en relais 4 × 100 m).

sacrifice

1976

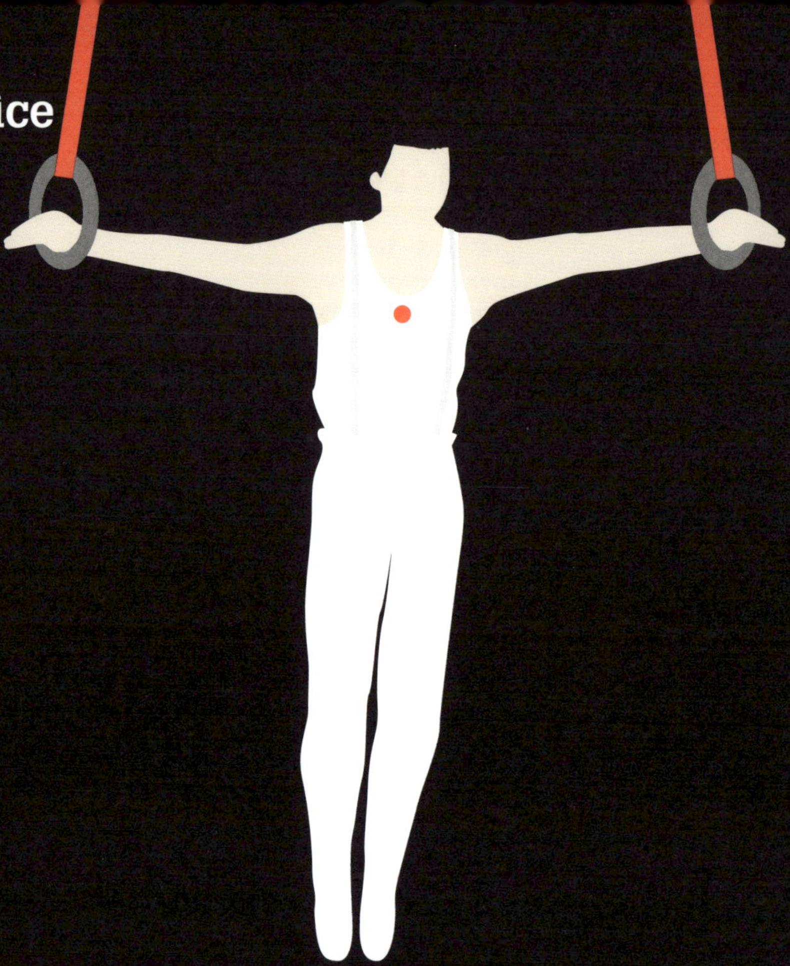

À Montréal, le gymnaste japonais **Shun Fujimoto** cache héroïquement une grave blessure afin d'aider son équipe à gagner le concours général. Une mauvaise réception lui a brisé la rotule, mais il décide de ne rien dire à personne et poursuit tout de même avec les épreuves du cheval et des anneaux, qui lui demandent d'atterrir à plus de 2 m du sol. Sa performance est remarquable, mais l'impact aggrave sa blessure au genou, l'obligeant à prendre sa retraite sportive. Grâce à son sacrifice, le Japon est monté sur la plus haute marche du podium pour la cinquième (et dernière) fois consécutive.

courage

1992 - 1996

Kerri Strug était la plus jeune athlète olympique de l'équipe de gymnastique américaine à Barcelone. Elle avait 14 ans et demi. À Atlanta, Kerri Strug fait partie des « Magnificent Seven ». La formation soviétique part, grande favorite, mais lors de la dernière rotation, les États-Unis se rapprochent d'une première médaille d'or par équipes. Il ne reste alors qu'un seul concours : le saut de cheval. Tout repose sur les épaules de Strug, dernière à passer. Après son premier saut mal réceptionné, elle montre des signes de douleur. Au saut décisif, elle réussit à se recevoir sur une jambe et offre la médaille d'or à son équipe. La nouvelle héroïne américaine est portée sur le podium dans les bras de son entraîneur.

Nadia Comăneci : « Je ne fuis pas un défi parce que j'ai peur. Au contraire, je cours vers lui parce que la seule façon d'échapper à la peur est de la piétiner. »

perfection

9.99

Les concepteurs de tableaux d'affichage n'ont pas prévu de note à quatre chiffres pour la gymnastique des Jeux olympiques parce qu'ils ne pensaient pas que la perfection fût possible… jusqu'à la performance de la jeune gymnaste roumaine **Nadia Comăneci** à Montréal, une démonstration parfaite aux barres asymétriques, qui a laissé tout le monde stupéfait. Avec une note de « 10,00 », elle remporte 3 médailles d'or, puis 2 autres lors de l'édition suivante, à Moscou, en 1980.

boycott à l'Est

1980

65 pays, emmenés par les États-Unis, boycottent les Jeux de Moscou pour protester contre l'invasion soviétique en Afghanistan. Faute de concurrence, l'URSS rafle 195 médailles, record inégalé à ce jour. Mais plus que le souvenir du palmarès, c'est celui de la mascotte « **Misha** » (**Mikhail Potapych Toptygin**) qui reste dans le cœur des Russes aujourd'hui. C'est après un appel à contribution, qui a généré l'envoi de 45 000 lettres de toute l'URSS, que le choix s'est porté sur ce petit ours. Un tendre ambassadeur dans un contexte de guerre froide.

boycott à l'Ouest

1984

Les créateurs de la mascotte des Jeux de Los Angeles avaient d'abord pensé à l'animal fétiche de l'État de Californie, l'ours doré… Jusqu'à ce qu'ils se rendent compte qu'il évoquerait trop la mascotte des Jeux de Moscou, le tout dans un contexte géopolitique plutôt tendu. Alors le choix s'est porté sur un aigle, baptisé « **Sam** », symbole de liberté, d'indépendance et de combativité. En représailles au précédent boycott américain à Moscou, 14 nations, motivées par l'Union soviétique, ne sont pas venues à Los Angeles. Parmi les 140 pays représentés, les États-Unis sont arrivés en tête au tableau des médailles (83 en or) et ont fait de ces Jeux un véritable succès financier.

affaire de famille

1980 - 1988 - 1992 - 1996 - 2000 - 2004

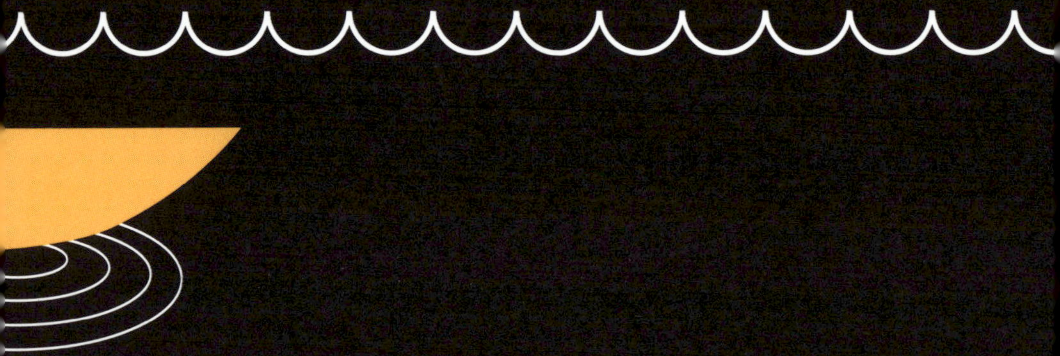

Birgit Fischer détient le record de la kayakiste championne olympique la plus jeune (18 ans) et la plus âgée (42 ans). Si l'on ajoute ses 8 médailles d'or et 4 en argent, elle est aussi l'athlète allemande la plus médaillée aux Jeux de tous les temps, et la seule femme à s'être imposée dans six éditions olympiques. Chez les Fischer, pagayer est une histoire de famille. Le père de Birgit a été son premier entraîneur, son mari, **Jörg Schmidt**, a remporté l'argent en C1 1 000 m à Séoul, et vingt ans plus tard c'était sa nièce **Fanny** qui décrochait l'or en K4 500 m aux JO de Pékin.

affaire de confiance

1984 - 1988 - 1992 - 1996 - 2000

Sir Steve Redgrave a grandi près de la Tamise. À l'âge de 10 ans, il est diagnostiqué dyslexique et se sent un peu en marge. Son professeur d'anglais, qui était aussi l'entraîneur principal de l'équipe d'aviron, l'initie à ce sport pour lui redonner confiance. Redgrave va construire son incroyable palmarès à partir des Jeux de Los Angeles.

Après 4 médailles d'or en quatre éditions, et une fois la page des Jeux d'Atlanta tournée, il songe à prendre sa retraite, déclarant : « Si quelqu'un me voit approcher d'un bateau, il a ma permission pour me descendre ! » Heureusement, personne n'en a rien fait, et Redgrave est allé chercher l'or à Sydney en 2000.

fashionista

1984 - 1988

Aux Jeux olympiques de 1984, à Los Angeles, sa ville natale, **Florence Griffith-Joyner** remporte l'argent sur 200 m et acquiert une certaine notoriété pour… ses impressionnants ongles vernis de 15 cm de long. Après avoir épousé **Al Joyner**, champion olympique du triple saut en 1984, elle est surnommée « Flo-Jo ». À Séoul, en 1988, elle domine le 100 m et le 200 m avec un étonnant record sur le demi-tour de piste (21 s 34). Flo-Jo gagne une 3e médaille d'or dans le 4 × 100 m et 1 médaille d'argent dans le 4 × 400 m. Elle décède dix ans plus tard, à l'âge de 38 ans. Ses records sur 100 et 200 m sont toujours d'actualité.

vista

1992 - 1996 - 2000

Catherine Astrid Salome « Cathy » Freeman est née à Mackay, dans le Queensland, en Australie. Lors des Jeux olympiques d'Atlanta, elle devient la première autochtone à remporter 1 médaille (argent) dans une épreuve individuelle (400 m). Freeman était la favorite des Jeux de Sydney en 2000, où elle a également eu l'honneur d'allumer la vasque olympique. Soutenue par son public, Cathy Freeman a obtenu la 100e médaille d'or olympique de l'Australie lors d'une victoire retentissante sur 400 m, devenant ainsi le symbole de l'unité nationale. Elle a effectué son tour d'honneur avec les deux drapeaux, australien et autochtone, quand le règlement l'interdisait.

tricheur

1984 - 1988 - 1992

Benjamin Sinclair « Ben » Johnson, bien qu'originaire de la Jamaïque, fait partie de la délégation canadienne aux Jeux olympiques de Los Angeles, où il obtient 1 médaille de bronze sur 100 m et 1 autre dans le relais 4 × 100 m. Quatre ans plus tard, à Séoul, il remporte l'or sur 100 m, battant son propre record du monde en un temps incroyable : 9 s 79. Mais trois jours après, Johnson est disqualifié, car contrôlé positif aux stéroïdes, et laisse l'or à son rival américain **Carl Lewis**. Ben Johnson tentera un come-back à Barcelone mais ne franchira pas les demi-finales. Et sera à nouveau contrôlé positif en 1993.

menteuse

2000 - 2004

L'Américaine **Marion Jones** incarne le meilleur et le pire de l'histoire olympique. Aux Jeux de Sydney, elle glane 5 médailles, dont 3 en or (100 m, 200 m et relais 4 × 400 m), et 2 en bronze (saut en longueur et relais 4 × 100 m). Bien qu'elle n'ait jamais été contrôlée positive à aucun test de dopage, elle fait l'objet de rumeurs en raison de ses mariages avec deux athlètes impliqués dans le scandale Balco, **C.J. Hunter** et **Tim Montgomery**. Elle échoue à se qualifier pour le sprint à Athènes en 2004, et ne concourt qu'à la longueur. En 2007, Jones avoue avoir menti sur sa consommation de stéroïdes. Le CIO lui retire toutes ses médailles olympiques. En 2008, elle est condamnée à six mois de prison pour parjure lors du procès Balco.

football

Vivian John Woodward, capitaine de l'Angleterre, a rapporté 2 médailles d'or des Jeux de Londres en 1908 et de Stockholm en 1912. Auteur de 29 buts en 23 matches (soit 1,26 but par match), il est resté jusqu'en 1958 le joueur au meilleur taux de réussite.

Le Danois **Sophus « Krølben » Nielsen** a été, en 1908, le premier joueur de l'histoire à marquer 10 buts lors d'un match international. C'était contre la France, laminée (17-1).

Harald Bohr était un célèbre mathématicien, frère cadet du non moins célèbre physicien Niels Bohr, lauréat du prix Nobel 1922. Il a joué pour le Danemark et a décroché la médaille d'argent lors de l'édition de 1908.

Nils Liedholm a remporté 1 médaille d'or avec l'équipe nationale suédoise en 1948. Il est connu comme l'un des meilleurs joueurs suédois du xxe siècle.

Ferenc Puskás, surnommé « le Major galopant », a été la première superstar internationale du football : il a marqué 84 buts en 85 matches avec le « Onze d'or hongrois », qui n'a perdu qu'une seule fois entre 1950 et 1956. Aux Jeux olympiques d'Helsinki en 1952, il a remporté la médaille d'or en inscrivant 4 buts.

Lev Yachine, « l'Homme en noir », avait de bonnes raisons d'être considéré comme le plus grand gardien de but du monde. En 1956, il n'a encaissé que 2 buts, ce qui a permis à l'Union soviétique de remporter la médaille d'or des Jeux de Melbourne.

Joueur complet, **Luis Enrique**, aussi à l'aise en milieu de terrain que face au but, a grandement contribué à la victoire de l'Espagne aux Jeux de Barcelone (1992).

En 1996, à Atlanta, le Nigeria surprend le monde entier en battant le Brésil en demi-finales grâce à un but en or de **Nwankwo Kanu**. Puis en décrochant le titre olympique contre l'Argentine avec un but inscrit à l'ultime minute.

Samuel Eto'o n'avait que 19 ans lorsque le Cameroun a décroché l'or en 2000, à Sydney, devenant ainsi le deuxième vainqueur africain du tournoi de football olympique.

Lionel Messi, l'un des plus grands joueurs de sa génération, 8 fois Ballon d'or, a gagné le titre olympique avec l'Argentine en 2008, à Pékin.

Christie Rampone, capitaine de l'équipe féminine américaine à partir de 2008, a participé à quatre éditions olympiques, de 2000 à 2012, et a remporté 1 médaille à chaque fois, dont 3 en or.

Avant les Jeux de Rio, en 2016, le Brésil était monté sur le podium à cinq reprises sans jamais l'emporter. Fin de la malédiction pour la Seleção, menée par son capitaine **Neymar da Silva Santos Júnior**, grâce à une victoire contre l'Allemagne en finale.

Après avoir battu la Suède aux tirs au but lors de la finale de Tokyo 2020, le milieu de terrain canadien **Quinn** est devenu le premier athlète ouvertement transgenre et non binaire à obtenir 1 médaille, et c'était l'or ! En utilisant des pronoms neutres, « iel » avait déjà remporté 1 médaille de bronze à Rio 2016, mais pas encore sous un statut déclaré.

toxique

1984 - 1988

Le lutteur **David Leslie « Dave » Schultz** et son frère **Mark** deviennent, en 1984, la première fratrie américaine à remporter l'or dans leur discipline. Mais, en 1986, la rencontre de Mark avec le multimillionnaire *borderline* John du Pont connaîtra une issue fatale. Le richissime héritier recrute Mark pour former et entraîner une équipe de lutte baptisée Foxcatcher. Après une 6e place à Séoul et agacé par l'attitude envahissante du philanthrope, Mark Schulz quitte la formation. Son frère Dave le remplace en vue de la préparation des Jeux d'Atlanta. Du Pont, dont le comportement est de plus en plus psychotique, l'abat de sang-froid en 1996. Condamné à trente ans de prison, il meurt en détention à 72 ans, en 2010.

fantastique

2008 - 2012 - 2016 - 2020

Avec un père coureur de fond et une mère nageuse, il n'est pas étonnant que les frères **Brownlee** aient choisi le triathlon. Les Jeux olympiques de Rio (2016) sont mémorables : **Alistair**, l'aîné, qui avait fait ses débuts en 2008 en terminant 12e, devient le premier athlète à conserver son titre olympique de triathlon (Londres 2012), tandis que Jonathan le suit à 6 secondes près, améliorant le bronze obtenu chez lui à Londres. À Tokyo, **Jonathan** ajoute à son palmarès 1 médaille d'or dans le relais mixte (chaque concurrent doit nager 300 m, pédaler 6,8 km et courir 2 km avant de taper dans la main de son coéquipier). Il est considéré comme le triathlonien le plus décoré de l'histoire olympique – le seul à avoir remporté 3 médailles.

centième de seconde

1984 - 1988 - 1992

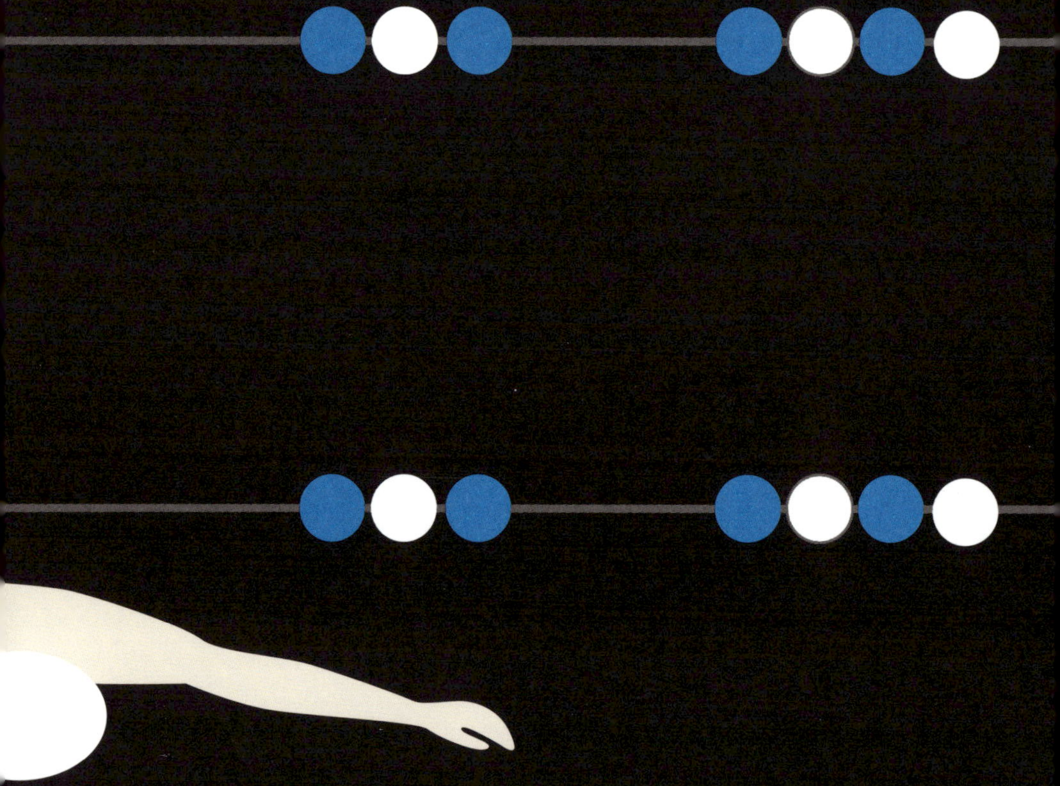

Anthony Conrad Nesty a grandi au Suriname, petit pays qui ne possédait qu'une seule piscine de 50 m... À 16 ans, il se qualifie pour les Jeux olympiques de 1984, mais ne termine que 21e du 100 m papillon. Alors Nesty s'installe aux États-Unis pour s'entraîner dans de meilleures conditions. De retour à Séoul, en 1988, il doit nager face au grand favori et multimédaillé américain **Matt Biondi**. À la surprise générale, Nesty s'impose grâce à une dernière et puissante poussée qui lui fait toucher le mur le premier, quand Biondi a relâché son effort. Le tableau d'affichage confirme que l'outsider vient de battre le grand favori de 1 centième de seconde, devenant ainsi le premier Surinamais médaillé d'or olympique.

dizaines de secondes

2000

À Sydney, la Guinée équatoriale trouve son représentant pour le 100 m nage libre en la personne d'**Eric Moussambani Malonga**… qui avait appris à nager seulement huit mois auparavant. À son arrivée, il n'avait jamais vu de piscine de 50 m, et on a dû lui prêter lunettes et bonnet une heure avant la course. Eric termine héroïquement en 1 min 52 s 72 quand la distance se nage habituellement sous les 50 secondes. Surnommé « Eric l'Anguille », bien déterminé à ne plus être un sujet de moqueries, il s'entraînera et divisera par deux son record personnel (56 s 09). Mais il se verra refuser l'entrée sur le sol grec aux Jeux d'Athènes de 2004, pour un problème de passeport. Il deviendra ensuite coach de l'équipe nationale de natation de Guinée équatoriale.

Hercule de poche

1988 - 1992 - 1996 - 2000

Naim Süleymanoğlu est né en Bulgarie de parents turcs. Ne mesurant que 1,47 m, l'« Hercule de poche » a battu son premier record du monde à l'âge de 15 ans et en a établi 46 à la fin de sa carrière. En 1986, il fuit le régime communiste en demandant l'asile à la Turquie. Sous le maillot turc, il devient le premier haltérophile à remporter 1 médaille d'or lors de trois éditions des Jeux différentes : Séoul, Barcelone et Atlanta. Il n'a pas réussi à réitérer son exploit à Sydney.

super-lourde
2000

Les Jeux de Sydney ont été les premiers à inclure l'haltérophilie féminine. Cet ajout a permis à « l'Équipe de rêve chinoise » de réaliser un quadruplé. Parmi ses coéquipières, **Ding Meiyuan**, une super-lourde qui a commencé à soulever des poids à l'âge de 12 ans, ancienne championne du monde junior. Les Jeux de Sydney ont aussi vu la Colombie décrocher sa première médaille d'or olympique, grâce à **María Isabel Urrutia**, une ancienne lanceuse de poids et également lanceuse de disque, qui a remporté le titre des 75 kg.

de l'Europe…

1988 - 1992 - 1996 - 2000 - 2004

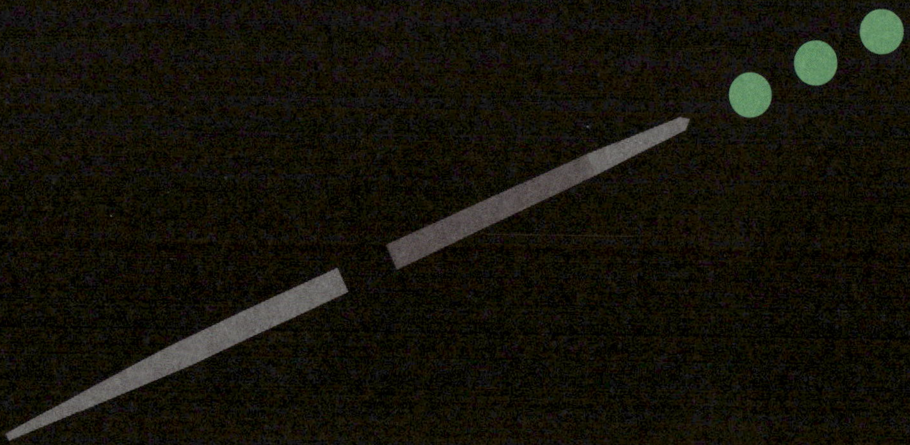

Quand le Tchèque **Jan Železný** se présente aux Jeux de Séoul, il est le détenteur du record du monde du javelot et le grand favori du concours. En tête pendant toutes les qualifications, Železný s'incline pourtant en finale face au Finlandais **Tapio Korjus** pour seulement 16 cm. À Barcelone, il tient sa revanche et remporte l'or dès son premier lancer en finale, battant son propre record olympique. Rebelote à Atlanta puis à Sydney avec un nouveau record olympique à la clé. Il devient ainsi le seul lanceur de javelot de l'histoire titré trois fois aux Jeux. Cette série s'interrompt à Athènes, où Železný ne pourra pas faire mieux que 9e.

… à l'Inde

2020

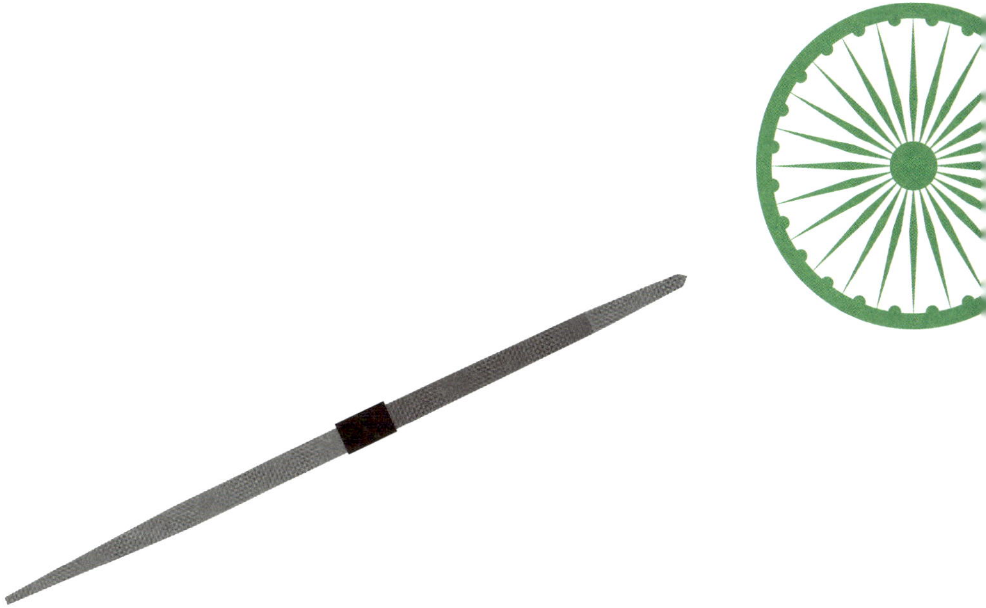

Le lanceur de javelot **Neeraj Chopra** a inscrit son nom dans les livres d'histoire en offrant à l'Inde son premier titre olympique en athlétisme depuis l'indépendance. Chopra, qui souffrait d'obésité à l'adolescence, n'a débuté le javelot que pour perdre du poids. À Tokyo, il crée la surprise en s'imposant face au gratin international de la discipline, avec un jet à 87,58 m, qui lui permet de devancer les Tchèques **Jakub Vadlejch** et **Vítězslav Veselý**. Hormis les Jeux olympiques, Chopra a conquis 1 titre mondial (2023), les Jeux asiatiques (2017), et les Jeux du Commonwealth (2018). Carton plein !

Dream Team

1992

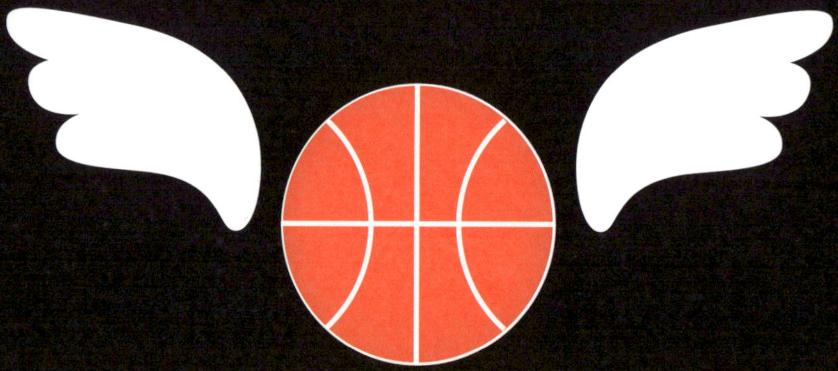

À Barcelone, les plus grands basketteurs américains professionnels sont enfin autorisés à participer aux JO. **Michael Jordan**, **Magic Johnson**, **Larry Bird**, **Charles Barkley**, **Karl Malone**, **John Stockton**, **Patrick Ewing**, **David Robinson**, **Clyde Drexler**, **Scottie Pippen**, **Chris Mullin** et **Christian Laettner** vont constituer la *Dream Team*, la première équipe incluant des joueurs de NBA. Considérée comme la plus prestigieuse équipe jamais formée, elle domine totalement la compétition en battant ses adversaires avec une moyenne de 43,8 points d'écart par match et de 117,3 points inscrits par match. Une autre planète.

bad team

2000

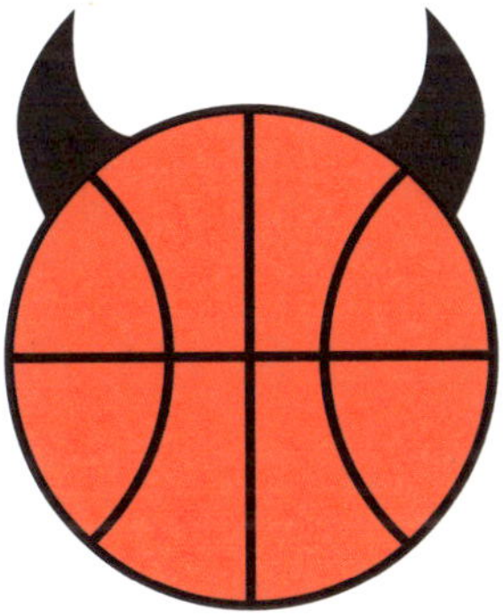

À Sydney, le 24 octobre 2000, l'équipe paralympique espagnole de basket-ball triomphe de la Russie (87-63) en finale. La formation reçoit ses médailles d'or, des fleurs et des éloges, avant de chanter son hymne national face au monde. Or, l'un des joueurs, **Carlos Ribagorda**, est en fait un journaliste infiltré. À son retour, quelques semaines plus tard, il dévoilera l'un des plus grands scandales de tricherie de l'histoire paralympique : sur les douze membres de l'équipe, seuls deux souffraient réellement d'une déficience intellectuelle.

Michael Phelps : « Il n'y a pas de limite à quoi que ce soit. Plus on rêve, plus on avance. » **2012**

le dieu de l'Olympe

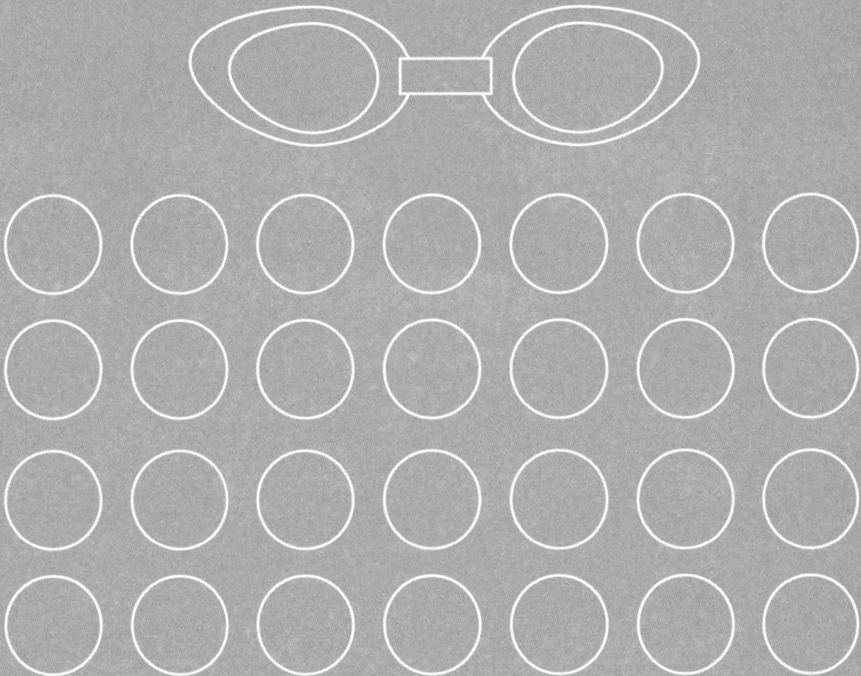

Avec 28 médailles, dont 23 en or, le nageur américain **Michael Phelps** est le sportif le plus titré au monde et de l'histoire olympique. Il obtient sa première médaille d'or à Athènes, sur le 400 m 4 nages, avec un temps record. « La Balle de Baltimore » y ajoute 5 autres médailles d'or. À Pékin, il fait mieux que **Mark Spitz** à Munich en 1972 (7), avec 8 médailles d'or. À Londres, il en gagne 4, et 5 à Rio. Pas mal pour quelqu'un à qui on avait diagnostiqué un trouble du déficit de l'attention et une hyperactivité.

mère courage

2004 - 2008 - 2012 - 2016 - 2020

En athlétisme, la sprinteuse américaine **Allyson Felix** est la plus décorée de l'histoire olympique, avec 11 médailles : 7 en or, 3 en argent et 1 en bronze. Tokyo 2020 était sa cinquième participation olympique consécutive et sa première en tant que mère. En 2018, elle a donné naissance à Camryn, par césarienne d'urgence, mais a repris la compétition huit mois plus tard. Par la suite, Felix a révélé un différend contractuel avec son sponsor, qui a réduit son salaire en raison du congé de maternité. Quelques mois après, l'entreprise a modifié sa politique en la matière. Grâce à son expérience, elle s'est engagée à faire en sorte que les mères athlètes actives soient soutenues.

mère poule

2012 - 2016 - 2020

Ona Carbonell Ballestero est membre de l'équipe nationale espagnole de natation artistique depuis l'âge de 14 ans. En 2012, elle remporte avec **Andrea Fuentes** 1 médaille d'argent en duo et 1 médaille de bronze par équipes. Elle s'est classée 5e dans l'épreuve du duo aux Jeux de Rio 2016. Alors qu'elle se prépare pour Tokyo 2020, elle donne naissance à un petit garçon, Kai. Ne pouvant emmener son fils, encore nourrisson, au village olympique, elle a dû prendre une décision très difficile : partir seule pour les Jeux. Elle l'a fait non sans avoir préparé une banque de lait dans l'espoir qu'elle tienne jusqu'à son retour. Carbonell a terminé 7e de la compétition par équipes.

exception nationale

2008 - 2012

Rohullah Nikpai a commencé sa formation sportive en taekwondo à Kaboul, mais, pendant la guerre civile, sa famille a quitté le pays et s'est installée dans un camp de réfugiés en Iran. Il est de retour à Kaboul lorsque le gouvernement est en mesure de lui fournir de meilleures conditions de vie et d'entraînement. Nikpai remporte la médaille de bronze aux Jeux de 2008 (moins de 58 kg), battant le double champion du monde espagnol **Juan Antonio Ramos**. En apportant sa première médaille olympique à l'Afghanistan, il devient un héros national, et le président Hamid Karzai le récompense en lui offrant une maison et une voiture. Nikpai a décroché 1 nouvelle médaille de bronze à Londres (moins de 68 kg).

fierté nationale

2016 - 2020

La reine absolue du triple saut, **Yulimar Andrea Rojas Rodríguez**, est née dans une famille pauvre du Venezuela. Elle excelle dans son sport mais peine à le pratiquer, faute de moyens. En 2015, elle envoie un message sur Facebook à l'ancien champion cubain **Iván Pedroso** (champion olympique du saut en longueur à Sydney), qui l'invite alors à s'entraîner avec lui en Espagne. Un an plus tard, Rojas devient la première Vénézuélienne à obtenir 1 médaille olympique, se classant 2e derrière la Colombienne **Caterine Ibargüen**. À Tokyo, Rojas remporte sa première médaille d'or grâce à un nouveau record du monde extraordinaire de 15,67 m.

bikini

2008 - 2012 - 2016 - 2020

L'Allemande **Laura Ludwig** fait ses débuts olympiques à Pékin en 2008 avec **Sara Goller**. La paire de beach-volley termine 9e.
À Londres, elles font mieux, avec une 5e place. La consécration viendra aux Jeux de Rio, avec 1 médaille d'or, remportée avec une nouvelle coéquipière, **Kira Walkenhorst**.
À Tokyo, elle sera l'une des porte-drapeaux de la délégation allemande, choisie après un vote des athlètes et des supporters. Elle terminera 5e du tournoi.

hijab
2016

À Rio, l'Égypte envoie pour la première fois des athlètes féminines pour participer au tournoi de beach-volley. À cette occasion, **Doaa El-Ghobashy** et sa partenaire, **Nada Meawad**, portaient des vêtements qui respectaient à la fois leur culture et leur amour du volley-ball de plage : des t-shirts à manches longues et des leggings, El-Ghobashy se couvrait également la tête d'un hijab. Le contraste entre les tenues des équipes égyptienne et allemande était assez flagrant…

coming-out

2012 - 2016 - 2020

Caroline Aiko Kumahara est une joueuse de tennis de table brésilienne d'origine japonaise. Un travail acharné lui permet de se qualifier pour les JO de Londres 2012 à un très jeune âge (17 ans), tandis qu'aux JO de Rio, la pression exercée sur elle, en tant qu'athlète locale, est extrêmement forte. Avant les Jeux de Tokyo, Kumahara, qui s'est toujours sentie genrée homme, décide de faire son coming-out, consciente qu'une transition s'opère à partir du moment où l'on en parle aux gens. Il a suivi toutes les procédures propres aux normes olympiques, il a simplement demandé à tout le monde d'être appelé Luca.

transition

2020

La Néo-Zélandaise **Laurel Hubbard**, assignée garçon à la naissance, est la première personne trans à figurer aux Jeux olympiques après que le CIO a autorisé la participation d'athlètes transgenres en 2004. Elle avait pratiqué l'haltérophilie en juniors. Après avoir entamé sa transition en 2012, elle avait dû suspendre sa carrière sportive. En 2017, autorisée à concourir de nouveau après avoir présenté des taux de testostérone inférieurs à ceux requis par les instances sportives, elle renoue avec la compétition. Son objectif principal est une valeur olympique : prouver que le sport est accessible à tous. À Tokyo, bien qu'elle échoue à atteindre la finale, Hubbard remercie tout le monde pour son soutien, avant de quitter la scène.

Les plus médaillés

or argent bronze

Michael Phelps (États-Unis)
Natation, 2004-2016

Larissa Latynina (URSS)
Gymnastique artistique, 1956-1964

Paavo Nurmi (Finlande)
Athlétisme, 1920-1928

Mark Spitz (États-Unis)
Natation, 1968-1972

Carl Lewis (États-Unis)
Athlétisme, 1984-1996

Birgit Fischer (Allemagne)
Canoë-kayak, 1980-2004

Sawao Katō (Japon)
Gymnastique artistique, 1968-1976

Jenny Thompson (États-Unis)
Natation, 1992-2004

Matt Biondi (États-Unis)
Natation, 1984-1992

Usain Bolt (Jamaïque)
Athlétisme, 2008-2016

Ray Ewry (États-Unis)
Athlétisme, 1900-1908

Nikolaj Andrianov (URSS)
Gymnastique artistique, 1972-1980

Isabell Werth (Allemagne)
Équitation, 1992-2020

Boris Šhakhlin (URSS)
Gymnastique artistique, 1956-1964

Věra Čáslavská (Tchécoslovaquie)
Gymnastique artistique, 1960-1968

Viktor Čukarin (URSS)
Gymnastique artistique, 1952-1956

Allyson Felix (États-Unis)
Athlétisme, 2004-2020

Katie Ledecky (États-Unis)
Natation, 2012-2020

Jason Kenny (Grande-Bretagne)
Cyclisme sur piste, 2008-2020

Aladár Gerevich (Hongrie)
Escrime, 1932-1960

Caeleb Dressel (États-Unis)
Natation, 2016-2020

Svetlana Romashina (Russie)
Natation artistique, 2008-2020

Edoardo Mangiarotti (Italie)
Escrime, 1936-1960

Ryan Lochte (États-Unis)
Natation, 2004-2016

Hubert Van Innis (Belgique)
Tir à l'arc, 1900-1920
○○○○○○○○○

Akinori Nakayama (Japon)
Gymnastique artistique, 1968-1972
○○○○○○○○○○

Valentina Vezzali (Italie)
Escrime, 1996–2012
○○○○○○○○○

Gert Fredriksson (Suède)
Canoë-kayak, 1948-1960
○○○○○○○○

Danuta Kozák (Hongrie)
Canoë-kayak, 2008-2020
○○○○○○○○

Chris Hoy (Grande-Bretagne)
Cyclisme sur piste, 2000-2012
○○○○○○○

Vitaly Scherbo (Biélorussie)
Gymnastique artistique, 1992-1996
○○○○○○○○○○

Reiner Klimke (Allemagne)
Équitation, 1960-1988
○○○○○○○○

Pal Kovacs (Hongrie)
Escrime, 1936-1960
○○○○○○○

Rudolf Kárpáti (Hongrie)
Escrime, 1936-1960
○○○○○○

Nedo Nadi (Italie)
Escrime, 1912-1920
○○○○○○

Kristin Otto (Allemagne de l'Est)
Natation, 1988
○○○○○○

Amy Van Dyken (États-Unis)
Natation, 1996-2000
○○○○○○

Takashi Ono (Japon)
Gymnastique artistique, 1952-1964
○○○○○○○○○○○○○

Carl Osburn (États-Unis)
Tir sportif, 1912-1924
○○○○○○○○○○○

Ágnes Keleti (Hongrie)
Gymnastique artistique, 1952-1956
○○○○○○○○○○

Gary Hall Jr. (États-Unis)
Natation, 1996-2004
○○○○○○○○○○

Nadia Comăneci (Roumanie)
Gymnastique artistique, 1976-1980
○○○○○○○○○

Ian Thorpe (Australie)
Natation, 2000–2004
○○○○○○○○○

Ville Ritola (Finlande)
Athlétisme, 1924-1924
○○○○○○○○

Emma McKeon (Australie)
Natation, 2016-2020
○○○○○○○○○○○

Polina Astakhova (URSS)
Gymnastique artistique, 1956-1964
○○○○○○○○○○

Elisabeta Lipă (Roumanie)
Aviron, 1984–2004
○○○○○○○○

Yukio Endo (Japon)
Gymnastique artistique, 1960–1968
○○○○○○○

index

M

N

O

P

Q

R

S

T

U

V

W

X

Y

Z

Katie Taylor : « Seules les épaules les plus solides peuvent porter les espoirs d'une nation. » **2012**

sources

Livres

- *Olympic Games Through a Lens*, Time Out Guides Ltd, 2011
- David Arscott, *The Olympics: Fastest, Highest. Longest, Strongest*, Sterling, 2016
- Antonio Padilla, *L'atlante dei sogni olimpici. 34 storie incredibili di campioni e campionesse che non hanno mollato mai*, Rizzoli, 2021
- Giampiero Vigorito, *Leggende Olimpiche. I 100 momenti cruciali che hanno infiammato i giochi olimpici*, Iacobelli Editore, 2021
- Luciano Wernicke, *Les Histoires insolites des Jeux olympiques d'été. De l'Antiquité aux jeux de Rio 2016*, Amphora, 2020

Web

- Olympics.com, International Olympic Committee
- Katharina Buchholz, *When Sports Became Olympic*, statista.com, 2021
- Kee Malesky, *Live Pigeon Shooting and Other Odd Olympic Games*, npr.org, 2012
- Robin Voigt, *The Evolution of the Early Olympics*, isoh.org
- Gustavo Pallicca, *Nasce il cronometraggio elettrico*, fidal.it, 2020
- Kyle Eng, *100 Quotes by Olympians that will inspire you to be awesome*, playingperfect.com, 2018
- Christopher Klein, *The Olympic Marathon's Outlandish Early History*, history.com, 2016
- *Pole Vault*, worldathletics.org
- *Long Jump*, worldathletics.org
- Karen Abbott, *The 1904 Olympic Marathon May Have Been the Strangest Ever*, smithsonianmag.com, 2012
- Debayan Bagchi, *History of Football in the Olympics*, chaseyoursport.com, 2021
- Ben Cooper, *A Brief History of Surfing*, wetsuitcentre.co.uk, 2020
- Nicholas Landell-Mills, *Surfing explained by Newtonian physics*, researchgate.net, 2021
- Møller Verner, *Knud Enemark Jensen's Death During the 1960 Rome Olympics: A Search for Truth ?*, Sport in History, 2006
- Daniel Kreps, *Canada's Quinn Becomes First Trans Athlete to Win Gold Medal at Olympics*, rollingstone.com, 2021
- Iolanda Pozzi, *Piano 14.25. La storia maledetta del doping di Stato*, sportmemory.it, 2021
- Nicola Pucci, *L'8 metri che a berlino 1936 vinse il primo oro della vela italiana*, sport660.wordpress.com, 2018
- *The Nazi Olympics Berlin 1936*, encyclopedia.ushmm.org, 2023
- Emma Smith, *Luca Kumahara : The three-time Olympian aiming to be the next trans trailblazer*, bbc.com, 2022
- *Neroli Fairehall*, olympic.org.nz
- Vicki Valosik, *Synchronized Swimming Has a History That Dates Back to Ancient Rome*, smithsonianmag.com, 2016

Films et vidéos

- *Les Chariots de feu*, Bennett Miller, 1981
- *Foxcatcher*, Hugh Hudson, 2014
- *Fosbury Revolutionises High Jump in Mexico*, The Olympics on the Record, olympics.com, 1968
- *Londra 1908 - Le Olimpiadi della rinascita e di Dorando Pietri* (gare, protagonisti e curiosità), Cerchidigloria, Youtube.com, 2021
- *Anton Geesink, Essential Olympic Stories, épisode 2, Tokyo 2020*, Eurosport, Youtube.com, 2021
- *Nawal El Moutawakel, Trailblazers*, épisode 6, Eurosport, Youtube.com, 2021
- *Greg Louganis, Trailblazers*, épisode 2, Eurosport, Youtube.com, 2021
- *Cathy Freeman, Trailblazers*, épisode 3, Eurosport, Youtube.com, 2021
- *Helsinki 1952 – Le triplé d'Emil Zátopek (Série olympique #2)*, DoubleBreak, Youtube.com, 2020
- *Melbourne 1956 – Hongrie URSS : le bain de sang (Série Olympique #3)*, DoubleBreak, Youtube.com, 2020
- *Leni Riefenstahl: Olympia (1936)*, Hadrien Barué, Youtube.com, 2012
- *An Unforgettable Marathon Finish – Gabriela Andersen-Schiess, Olympic Rewind*, Olympics, Youtube.com, 2014

Infographies

- *Every Olympic 'Sport,' In One Chart*, Jasmine Mithani, fivethirtyeight, ABC News, 2021
- *Gold medal winning heights in the Men's and Women's pole vault at the Summer Olympics from 1896 to 2020*, Aaron O'Neill, statista.com, 2023
- *Sportifs les plus médaillés aux Jeux olympiques*, wikipedia.org, 2023

Wilma Rudolph : « Ne sous-estimez jamais le pouvoir des rêves et l'influence de l'esprit humain. Nous sommes tous identiques face à cette notion. Le potentiel de grandeur vit en chacun de nous. » **1961**

remerciements

Je ne pourrai jamais assez remercier toutes les personnes qui m'ont prêté leurs mains, leurs jambes et leur mental pour m'aider à boucler cette course. Je commencerai par mon père qui m'a transmis sa passion pour (presque) tous les sports ; Eyal, qui a toujours, et de manière inconditionnelle, soutenu mes choix ; Peter qui m'a accompagnée sur la ligne de départ, mais dont les enseignements sont allés bien au-delà de la seule performance ; Luciano et Cesare qui ont l'athlétisme dans le sang ; Rogel, Itai, Stefy, Marina, Sigal, Dalit, Ilaria, Paolo, Giuliana, Elisabetta, Mery et tous les autres spécialistes des lignes droites et des virages. J'ai toujours cru au travail et à la sueur : je suis tombée plusieurs fois mais je me suis toujours relevée. Parfois accompagnée, mais souvent seule. Heureusement, dans cette course, j'ai rencontré Jean-Baptiste, un grand éditeur qui a cru au projet dès le premier instant et l'a soutenu jusqu'au bout avec sa vision, son professionnalisme et sa générosité. Merci à Caroline qui a vérifié méticuleusement tous les faits historiques. Merci à toute l'équipe ; j'ai beaucoup apprécié les précieuses suggestions de Debbie, ainsi que celles d'Anat, de Vale, de Giovanni, d'Eric, de Franco et... de toutes les personnes qui, par le biais du sport, parviennent à faire avancer les idées qui améliorent notre monde.

L'exemplaire que vous tenez entre les mains
a été rendu possible grâce au travail de toute une équipe.

Révision : Anne-Soazig Brochoire, Isabelle Paccalet, avec Julie Mandart
Mise en page : Orith Kolodny avec Jean-Philippe Meier
Photogravure : Point11
Fabrication : Marie Baird-Smith et Alexandra Tenenbaum
Commercial et marketing : Pierre Bottura
Coordination : Jean-Baptiste Noailhat
Relations libraires : Salomé Bernard
Presse et communication : Hind Boutaljante
Les Arènes du savoir : Pierre Bottura avec Marc Blactot, Adèle Hybre et Soraya Lecroc

Distribution : Interforum

Achevé d'imprimer en janvier 2024
chez Matthys (Belgique) pour la couverture
et chez Balto Print (Lituanie) pour l'intérieur.

ISBN : 979-10-375-1113-3
Dépôt légal : Mars 2024